삶을 가꾸는 30대 크리스천을 위한 52가지

삶을 가꾸는 **30대**
크리스천을 위한
52가지

이상화 지음

머리말

출판사로부터 30대 크리스천에 관한 글을 써달라는 원고청탁을 받고 얼마나 망설이고 주저했는지 모릅니다.

그 첫 번째 이유는 필자가 30대의 말미를 살아가는 시점에서 원고청탁을 받았기 때문에 과연 나에게 30대에 관해 말할 수 있는 자격과 역량이 있는지 판단이 서지 않았기 때문이고, 또 한 가지는 자칫 모범 답안만을 써놓았다가 독자들로부터 "당신은 정말 글쓴 것처럼 살아왔소?"라는 직설적인 질문을 받았을 때 묵묵부답(默默不答)의 상황이 발생할 것 같았기 때문입니다.

그러나 나름대로의 무식한(?) 용기를 낼 수 있었던 것은 "한번 30대를 정리해보는 것은 어때? 잘못한 것도 있고 잘한 것도 있을 텐데 이쯤에서 한번 정리해보는 것도 좋을 것 같은데……."라고 넌지시 건네는 아내의 말 한 마디 때문이었습니다. 그래서 그 뒤로 목차를 정리하고 하루에 한 편씩 일기 쓰는 마음으로 모두 52편의 글을 쓰게 되었습니다.

여전히 하루하루를 전력투구하지 못하고 습작(習作)하는 것처럼 그냥 그렇게 굼뜬 모습으로 살아가는 부족함과 나태함을 삶 속에서 발견할 때마다 흠칫흠칫 놀라게 됩니다. 그래서 자기 자신에 대해서, 대인관계에서, 일상적인 삶과 영성의 영역에서 제발 좀 분투의 눈물을 흘리며 살았으면 좋겠다는 마음의 소원을 가지고 한 편씩 써 내려갔습니다.

이 글을 읽는 분 중에 "이렇게 살면 성자(聖者)지 그게 사람인가?"라고 하실 분이 있을지도 모르겠습니다. 그러나 언젠가 옥한흠 목사님으로부터 "표준을 낮게 잡으면 망한다."는 말씀을 듣고 저는 모든 면에서 표준을 상향조정해야겠다고 생각하게 되었습니다. 그래서 행여 모범답안에 대한 부담을 가지고 이 책을 대하신다면 저를 비롯해서 이 글을 읽는 모든 분들이 그저 함께 도달해야 할 필요가 있는 '상향된 표준'으로 보셨으면 좋겠다는 바람으로 이 글들을 적었음을 다시 한 번 밝혀두는 바입니다.

정열의 20대와 원숙한 40대 사이에 낀 30대!
모든 것을 갖춘 것 같은데 어딘지 모르게 엉성한 30대!
달려온 길도 험악했지만 달려가야 할 길이 더욱 만만치 않은 30대!
그러나 우리가 가는 길이 결코 혼자가 아니기에 힘들지만 당당하게 걸어갔으면 합니다.

이제 이 글을 쓰게 된 이유를 마치면서 늘 감사할 수밖에 없는 귀한 어른들을 생각합니다.
먼저 설익은 30대 사역자를 그대로 놓고 보시면서 사역자가 걸어야 할 길의 전형(典型)을 보여주신 옥한흠 목사님께 머리 숙여 감사를 드립니다. 그리고 이해와 아량으로 관심을 가지고 지켜봐주신 김경원 목사님과 김원배 목사님을 비롯한 은사님들과 선배 및 동역자 목사님들께도 마음 속 깊이 감사를 드립니다.
특별히 긴 시간 인내하며 거친 원고를 기다려준 엔크리스토출판사의 최순철 사장님과 박선영 실장님을 비롯한 편집부 직원 여러분께 미안함과 아울러 감사의 인사를 드립니다.
그리고 쉽게 용기를 내지 못하던 저에게 하루하루 원고를 쓸 수 있도록 힘을 준 아내 승민과 아들 건희, 귀염둥이 가은이에게 사랑을 전하며 이 글을 쓰게 된 이유를 마칩니다.

이상화

차례

머리말 · 4

자기 자신에 대해서

1. 나는 누구인가 · 13
2. 나는 건강한 사람인가 · 18
3. 진정한 쉼이 있는 삶인가 · 23
4. 부끄러움 없는 성(性)인가 · 26
5. 좋은 취미를 가졌는가 · 31
6. 버려야 할 습관은 없는가 · 35
7. 항상 평안한가 · 39

인간관계에서

8. 가족과 얼마나 함께하는가 · 45
9. 세대 연합의 견인차인가 · 48
10. 부부가 함께 세워가는 가정인가 · 52
11. 청지기의식으로 자녀를 양육하는가 · 56
12. 마음을 열고 대화할 친구가 있는가 · 59
13. 감사와 성실함으로 윗사람을 대하는가 · 63

14. 관심과 배려로 동료를 대하는가 · 67
15. 섬김의 자세로 아랫사람을 대하는가 · 71
16. 피스메이커인가 트러블메이커인가 · 75
17. 믿음의 동역자가 있는가 · 78

삶의 영역에서

18. 직업에 대해 감사하고 만족하는가 · 85
19. 핵심역량을 가진 전문가인가 · 88
20. 늘 새로운 삶인가 · 92
21. 삶의 우선순위는 무엇인가 · 96
22. 비전을 이루는 삶인가 · 99
23. 어떤 리더십을 가졌는가 · 103
24. 자기계발의 필요성을 깨닫고 있는가 · 106
25. 칭찬받는 삶인가 · 110
26. 정의로운 삶인가 · 113
27. 재정원칙은 무엇인가 · 116

28. 문화를 즐기고 있는가 · 120
29. 스트레스의 근원을 차단하고 있는가 · 123
30. 성공의 잣대는 무엇인가 · 126
31. 인생의 하프타임에 대한 자세는 어떠한가 · 129
32. 필요한 지혜를 구하고 있는가 · 132
33. 위기관리 능력이 있는가 · 135
34. 시대의 변화를 읽고 있는가 · 138
35. 섬김과 나눔의 삶인가 · 142
36. 미래를 주권자에게 맡기는 삶인가 · 145
37. 인생의 황혼을 대비하고 있는가 · 148

영성의 영역에서

38. 진정한 믿음이 있는가 · 155
39. 하나님과 동행하는 삶인가 · 159
40. 주일을 주일답게 지키는가 · 162
41. 교회봉사를 어떻게 하는가 · 166
42. 빛과 소금의 삶을 살고 있는가 · 170
43. 영적 성숙을 위해 노력하고 있는가 · 173
44. 진정한 예배자인가 · 176
45. 찬양의 삶을 사는가 · 179
46. 기도골방이 있는가 · 182
47. 무엇을 위해 기도하는가 · 186
48. 성경말씀을 삶에 적용하고 있는가 · 190
49. 왕 같은 제사장의식으로 살아가는가 · 193
50. 진정한 헌신자인가 · 196
51. 잃어버린 영혼을 구하는 삶인가 · 200
52. 선교에 대한 사명이 있는가 · 203

자기 자신에 대해서

삶의 과정에서 온갖 크고 작은 문제에 부닥칠 때마다 '나는 원래 그런 사람'이라고 포기해버리면 우선은 편할 수도 있다. 그러나 문제들을 하나의 도전으로 간주하고 극복해보기로 마음먹는다면 힘은 들지 모르지만 성숙을 위해 끊임없이 싸움을 치러내야 하는 싸움터에서 승리할 수 있는 저력을 구축하게 될 것이다.

나는 누구인가

"차 조심해라."
"공부 열심히 해라."
"다치지 않게 조심해서 놀아라."

말귀를 조금 알아들을 무렵 부모님으로부터 귀에 못이 박히도록 들었던 이야기들이다. 여기에 덧붙여 "나쁜 친구 사귀지 말고 좋은 친구 사귀어라."는 당부 역시 엄청나게 들었다. 그러다가 어느새 30대 말미에 이르러서는 나도 어느 순간부터 똑같은 말들을 자식들에게 되풀이하는 모습을 발견하면 '참, 나도 나이가 들긴 든 모양이네.'라고 생각하게 된다.

이런 이야기들 때문인지 몰라도 우리는 인생을 살아가는 동안 좋은 선생님을 만나고, 주변에 좋은 친구들을 두는 것에는 상당히 신경을 쓰고 관심을 갖는다. 그러나 정작 자신이 누구인지 또 사람들이 자신의 이미지를 어떻게 인식하는지에 대해서는 대체로 무관심한 것이 우리의 정직한 모습이다. 좋은 친구를 주변에 두려고만 애쓸 뿐, 정작 자신이 먼저 좋은 친구가 되려고 노력하지 않는 것이 지금 우리의 모습임을 부인할 수 없다. 한 마디로 성인이 되어서도 자신이 어떤 사람이고, 또 어떤 사람이 되어야 하는지에 대한 자기정체감과 자기성찰의 부족현상이 나타나고 있는 것이다.

시대가 흐르면 흐를수록 성인들에게 자기정체감 부족현상이 얼마나 심각하게 일어나고 있는지를 방증하는 증거들은 여기저기서 나타난다. 한 가지 예만 들어보자. 시사용어 가운데 키덜트(Kidult)라는 말이 있다. 어린이를 뜻하는 '키드(Kid)'와 어른을 의미하는 '어덜트(Adult)'의 합성어로 아이들 같은 감성과 취향을 지닌 어른을 지칭하는 말이다. 유년 시절에 즐기던 장난감이나 만화, 과자, 의복 등에 향수를 느껴 이를 다시 찾는 20~30대 성인계층을 가리키는 말이다. 물론 이런 취향 자체가 나쁘다고 할 수는 없다. 그런데 이 키덜트의 특징은 무엇보다 진지하고 의미 있는 것보다는 유치할 정도로 천진난만하고 재미있는 것을 추구하는 성향을 띤다는 데 있다.

전문가들은 이런 현상에 대해 현대인들의 삶이 날로 각박해지면서 어릴 적 감성으로 돌아가 정서안정과 스트레스 해소를 추구하는 일부 어른들의 욕구가 디지털 문화와 맞물리면서 나타난 것으로 풀이한다. 그러나 일부 사람들의 개인적인 취향 정도로 이해하면 무엇이 문제가 되겠는가? 또한 다원화 시대에 나타날 수 있는 다양성의 하나로 바라본다면 전혀 문제될 것이 없지 않겠는가?

그런데 분명한 것은 10대는 10대다움을, 20대는 20대다움을, 30대는 30대다움을 보여주는 것이 가장 좋다는 것이다. 만약 50대 어른이 50대답지 않고 70대 원로가 원로로서의 통찰력과 혜안을 잊어버리고 산다면 어떤 상황이 벌어질지 충분히 예상할 수 있다. 그러므로 30대는 30대의 자기성찰과 자기정체성을 확립하고 있어야 한다.

자기정체성과 관련하여 한 가지 깨달음을 주는 함석헌 선생의 〈그 사람을 가졌는가〉라는 글을 그대로 인용하면 다음과 같다.

만리길 나서는 길
처자를 내맡기며
맘 놓고 갈 만한 사람
그 사람을 그대는 가졌는가

온 세상 다 나를 버려
마음이 외로울 때에도
'저 맘이야' 하고 믿어지는
그 사람을 그대는 가졌는가

탔던 배 꺼지는 시간
구명대 서로 사양하며
'너만은 제발 살아다오' 할
그 사람을 그대는 가졌는가

불의의 사형장에서
'다 죽여도 너희 세상 빛을 위해

저만은 살려두거라' 일러줄
그 사람을 그대는 가졌는가

잊지 못할 이 세상을 놓고 떠나려 할 때
'저 하나 있으니' 하며
빙긋이 웃고 눈을 감을
그 사람을 그대는 가졌는가

온 세상의 찬성보다도
'아니' 하고 가만히 머리 흔들 그 한 얼굴 생각에
알뜰한 유혹을 물리치게 되는
그 사람을 그대는 가졌는가

이 글을 보며 많이 부끄러웠다. 일단 함석헌 선생의 표현대로 그런 사람을 많이 두지 못했기 때문이다. 그리고 이 글을 곱씹어보면서 "나는 누구인가?"라고 물었을 때 다른 사람에게 함석헌 선생이 쓰고 있는 '그 사람'이 전혀 되지 못하고 있는 나를 발견했기 때문이다. 글 쓰신 분께 누가 되지 않기를 바라는 마음으로 다음과 같이 나 자신에게 물어보았다.

친구가 만리길 나설 때에
처자를 나에게 내맡기며
맘놓고 갈 만한 사람이 나일 수 있는가?

온 세상이 그 친구를 버려
친구가 마음이 외로울 때에도
"저 맘이야" 하고 믿어주는
친구로 나는 서 있는가?

탔던 배 꺼지는 시간
구명대 서로 사양하며
"너만은 제발 살아다오"라는
말을 친구로부터 들을 수 있는
삶을 나는 과연 살았는가?

불의의 사형장에서
"다 죽여도 너희 세상 빛을 위해
저만은 살려두거라"고
인정받을 만한 사람이
바로 나인가?

30대! 적으면 적고 많으면 많은 나이다. 과연 나는 누구인가에 대해 단정히 점검했을 때 자신 있게 '나는 이런 사람'이라고 소개할 수 있으면 좋겠다.

2 나는 건강한 사람인가

　2001년 6월에 우리나라 보건사회연구원이 발표한 "국민건강 영양조사 심층분석 결과"에 의하면 각종 질병으로 인한 입원, 결근, 조퇴 등으로 파생하는 국민생산액 손실(소득기회 상실분)이 연간 국민총생산(GDP)의 1.7퍼센트나 된다. 돈으로 환산하면 연간 7조 6,223억 원에 이르는 가히 상상할 수 없는 액수다. 이 결과를 좀더 세부적으로 살펴보면 질병별로는 요통, 좌골통, 디스크가 1조 3,072억 원으로 손실액이 가장 크고, 그 다음으로 관절염이 1조 1,333억 원이며, 각종 사고와 부상이 1조 733억 원 순으로 나타났다. 그런데 여기에 의료기관으로 이동하고 대기하는 시간, 환자의 간호 등에 소요되는 간접기회비용까지 감안하면 질병으로 인한 손실이 거의 국민총생산의 3퍼센트까지 육박해서 13조 4,500억 원에 이를 것으로 추산된다. 결국 이 같은 손실액은 국민들이 질병 치료에 직접 쓰는 의료비용(연간 GDP의 5퍼센트로 추산)의 60퍼센트에 해당하는 액수라는 것이 보건사회연구원의 분석이다.

사람이 살아가는 동안 항상 건강할 수는 없지만 이 결과대로라면 한 마디로 '아프지 않는 것이 상책'인 셈이다. 굳이 이런 경제논리에 입각하지 않더라도 일례로 한 가정을 책임지고 있는 가장이 건강을 잃어버리면 심각한 파장을 일으킨다. 어느 30대 가장의 표현대로 "내가 하루라도 누워 있으면 우리집 식구들은 손가락을 빨 수밖에 없다."라는 처절한 고백은 30대에게 건강이 얼마나 중요한지 반증해준다. 그러므로 건강을 유지하기 위한 육체의 연습은 필수적인 것이라 해도 과언이 아니다.

육체의 연습과 관련하여 사도 바울은 "육체의 연습은 약간의 유익이 있으나 경건은 범사에 유익하니 금생과 내생에 약속이 있느니라"(디모데전서 4:8)고 한다. 이 말씀을 단순논리로 해석하면, 경건에 이르는 것은 좋지만 육체의 연습은 그것보다 못하므로 할 필요가 없다는 식으로 오해할 수도 있다. 그러나 바울은 여기서 경건훈련의 유익을 강조하면서 육체의 연습 역시 중요함을 비유로 사용하고 있다. 곧 육체를 위한 훈련도 분명히 유익이 있다는 것이다.

전자우편을 확인할 때마다 거의 매일 빠지지 않고 올라오는 광고 메일 중 하나는 건강과 관련된 것이다. 그런데 이 메일들 가운데 가만히 있어도 운동이 된다거나, 붙이기만 해도 살이 빠지고 성인병이 치료된다는 식의 광고들은 도저히 신뢰할 수도 없고 결코 믿어서도 안 된다. 힘들이지 않고 운동하는 신기술과 신비법이 아무리 많이 소개된다고 해도 땀 흘리지 않고 건강을 유지하기란 불가능하다. 운동을 제외한다면 건강을 위한 별다른 비책이 없기 때문이다.

특별히 30대의 건강과 관련하여 반드시 점검하고 넘어가야 할 중요한 사항은 건강을 해칠 수밖에 없는 것들을 청산하는 일이다. 한국에 복음이 전파될 당시 초기 선교사들의 결의에 의해서 술과 담배가 금기의 대상이 된 것은 주지할 만한 사실이다. 그러나 시대가 변해서 교회의 성도들 가운데도 음주나 흡연 자체를 율법적인 것으로 바라보지 않고 수용하는 이들이 간혹 생기고 있지만 한국 교회는 여전히 술에 대해서 부정적인 정서를 가지고 있다. 한국 교회의 이런 정서도 정서지만 술이나 담배의 해독에 대해서 모르는 이는 아무도 없을 것이다.

일례로 한국건강관리협회가 지난해 흡연경력이 10년(담배를 하루에 20개비 이상 피우는 사람)이 넘는 40대 이상 흡연자 5,496명의 건강검진 자료와 일반인을 대상으로 한 2000년도 건강보험공단 건강검진 자료를 바탕으로 유병률을 비교한 결과는 이 같은 사실을 충분히 뒷받침한다. 이 결과에 따르면 담배를 10년 이상 피운 장기흡연자는 일반인에 비해 혈압과 고지혈증 등 각종 성인병을 앓고 있는 유병률이 두 배 이상 높다.(국민일보 2002년 5월 17일자 참조)

세계보건기구(WHO)의 자료에 따르면 우리나라의 성인 여성 흡연율은 세계 1위이고, 남자도 2위에 이른다. 더러 금연운동이 벌어지고 있지만 여성과 청소년의 흡연율은 오히려 늘고 있다. 또 한 사람이 마시는 술의 양이 다른 나라보다 많다는 사실도 재정경제부가 2002년 5월 12일에 발표한 자료에 따르면 확연히 알 수 있다. 2001년 우리나라 20세 이상 성인 한 사람이 소비한 술은 맥주(500밀리리터) 119.7병, 소주(360밀리리터) 79.2병, 위스키(500밀리리터) 1.43병이라고 한다. 그리고 전체 인구 기준으로 알코올 도수가 높은 증류주(위스키, 소주 등)의 1인당 연간 소비량(알코올분 100퍼센트 환산치)은 1998년 5리터, 2001

년 5.2리터로, 러시아(1995년 4.6리터)와 비슷한 세계 최고 수준이었다. 증류주와 발효주(맥주, 와인)를 합한 모든 주류의 1인당 소비량은 1998년 7.0리터로 세계 24위에서 2001년 7.6리터로 세계 19위로 높아졌다. 전체 술 수입액은 1997년 2억 3,400만 달러에서 1998년 1억 2,500만 달러로 줄었다가, 2001년에는 2억 5,600만 달러로 다시 늘었다. 특히 우리나라는 지난 2000년에 영국산 스카치위스키만 1억 7,800만 달러나 수입해 스페인, 미국, 프랑스에 이어 세계 4위 술 수입 국가로 올라섰다.(한겨레신문 2002년 5월 13일자 참조)

건강을 유지하기 위해서 술, 담배를 하지 말아야 함에도 불구하고 술 권하는 사회로 통하는 구조 속에서 "상황 때문에 어쩔 수 없다."는 이유로 술자리에 앉고, 연동해서 담배를 피울 개연성이 가장 높은 것이 우리나라의 현실임에는 틀림없다. 그러나 술 마시면서 담배 피우는 행동이 얼마나 건강을 해치는지는 삼척동자라도 다 아는 건강상식이다.

술, 담배에 관해 이렇게 항변하는 사람이 있을 수도 있다. "술 마시지 마라."는 것은 율법적인 것이기 때문에 이미 폐기되었고, "담배 피우지 마라."는 이야기는 성경에 구체적으로 나오지 않으니 지킬 필요가 없다고 말이다. 그러나 어떤 율법적 금지를 떠나 건강에 나쁜 것이라면 하지 말아야 한다. 게다가 성경은 기호품에 대해서 "모든 것이 내게 가하나 다 유익한 것이 아니요"(고린도전서 6:12)라고 그 원리를 제시하고 있지 않는가?

그리스도 안에서 자유를 누리는 그리스도인이라면 모든 것을 다 할 수는 있지만 백해무익한 것이라면 하지 않는 결단이 필요하다. 특별히 건강한 육체에 건강한 영성이 깃든다는 원리를 이해하는 그리스도인이라면 더더욱 그러하다. 건강지상주의에 빠져 몸에 좋은 것이라면 물불을 가리지 않는 몬도가네식 자세를 취하라는 것은 분명 아니다. 그러나 몸이 연약하면 결코 삶이 건강할 수 없다. 그러므로 건강을 위해서 절제하면서 좀더 많이 움직이고, 백해무익한 것은 쳐다보지도 말고 하지도 말자.

진정한 쉼이 있는 삶인가

 "하늘은 푸른색인데 하늘 천(天)자는 푸른 색깔이 아니다."라는 말이 있다. 이 말은 공부하는 학동들이 공부하는 것을 지겹게 느끼면서 훈장님께 한 이야기다. 실제로 하늘의 색깔이 무슨 색인지 잊어버리고 일에 파묻혀 있는 이들에게 쉼, 휴식, 안식이라는 단어는 별(別) 세계에 속한 채 이미 사라져버린 용어일 수 있다. 나의 경우도 그렇다. 그래서 "쉼이라니! 그런 호사스러운 말과 나는 아무 상관 없다."라고 치부해버릴 수 있다. 그러나 쉼 없이 뛰는 30대 크리스천은 "예수님도 제자들을 향해 한적한 곳으로 가서 쉴 것을 명하셨다"(마가복음 6:32)는 사실을 명심해야 한다.

 지금 우리 사회도 주5일 근무제를 적용하는 기업이 많아지면서 쉼과 휴식에 대한 관심이 폭증하고 있다. 2000년 5월 한길리서치가 주5일 근무제에 대한 여론을 조사한 결과에 따르면, 국민의 대다수가 주5일 근무제를 찬성하는 것으로 나타났다. 또 주5일 근무제로 얻게 될 휴일을 가족과 함께 보내거나 여가를 즐기는 시간으로 활용하겠다는 사람이 절반 이상이었다. 좀더 세세하게 살펴보면 법정노동시간을 현재 주 44시간에서 주 40시간으로 하는 주5일 근무제에 대해서 응답한 국민의 77.8퍼센트가 '찬성한다'(적극 찬성 37.6퍼센트, 찬성하는 편 40.2퍼센트)로 대답했고, '반대한다'는 20.0퍼센트(적극 반대 16.7퍼센트, 반대하는 편 3.3퍼센트)로 나타났다. 그리고 주5일 근무제가 실시될 경우 새로 생긴 휴일 활용 방안에 대해서는, 가족과 함께하는 시간을 가진다는 응답이 30.0퍼센트로 가장 많았고, 그 다음으로 취미생활이나 여행 등 여가를 즐긴다(28.6퍼센트), 공부나 강습 등 능력개발에 투자한다(15.4퍼센트), 휴식으로 육체적 피로를 푼다(5.9퍼센트), 자원봉사 등 공익 활동에 참여한다(3.1퍼센트) 순으로 나타났다.

지나치게 휴식에 탐닉해서 본말이 전도되는 것도 문제지만 잠시 일에서 벗어나 적절한 쉼을 갖는 것은 절대적으로 필요하다. 이런 쉼, 혹은 안식과 관련하여 기독교 저술가로 잘 알려진 헨리 나우웬은 아주 좋은 본보기를 제공한다. 그는 자신이 섬기던 장애인 공동체 '데이 브레이크'로부터 1995년 9월 2일부터 1996년 8월 30일까지 안식년을 얻어 1년 동안 일기를 적었다. 이것은 2001년도에 우리나라에서 《안식의 여정》이라는 제목의 책으로 출간되었다. 그가 세상을 떠난 때가 정확하게 1996년 9월 21일이므로 그의 삶의 마지막 1년이 이 책 속에 고스란히 담긴 셈이다. 헨리 나우웬은 마지막 생애 1년 동안 기도하고 묵상하며 글을 쓰고, 또 많은 사람을 만났다고 고백한다. 이 책에서 그는 무려 600여 명에 이르는 친구들에 대해 언급한다. 깊은 영성을 소유했던 사람으로 알려진 그의 영적 깊이와 감화력이 어디에서 나왔는지를 짐작할 수 있는 대목이다. 일상을 떠나 쉬면서 친구들을 만나고, 그들의 이야기를 듣고 기도제목을 나누고 기도하며, 쫓기지 않는 상황에서 묵상을 통해 얻은 것들을 기도하는 그의 모습을 상상하면 저절로 쉼에 대한 필요성을 다시 한 번 절감하게 된다.

인생은 장기레이스와 같다. 마라톤 경주자가 만약 단거리 선수처럼 뛴다고 생각해보라! 물론 30대 초반이냐, 중반이냐, 아니면 후반이냐에 따라 인생 레이스 속도를 각기 다르게 잡아야 하겠지만 중요한 것은 시기를 막론하고 쉼은 어느 때나 누구에게든지 필요하다는 사실이다. 학창시절에는 학습능력을 극대화하기 위해서 수업시간 사이에 휴식을 알리는 종소리가 울렸다. 그러나 어른이 되면 휴식을 알리는 종소리를 스스로 울려야만 한다. 일에만 몰두해서 휴식의 종소리를 듣지 못한다면 나중에 어떤 결과가 생기겠는가? 그 결과는 아마 충분히 예상할 수 있을 것이다.

때때로 모든 긴장을 이완시키고 집중하던 일을 멈추고 쉬어보자. 하다못해 앉아 있는 자리에서 일어섰다 앉았다 하는 행동을 반복한다든지, 팔굽혀펴기를 한다든지, 정신적인 부담이 가지 않는 범위 내에서 일을 놓고 마음 편히 쉬어보자. 프리드리히 니체(Friedrich Nietzsche)는 "모든 사람의 내면에는 놀기를 원하는 아이가 있다."라고 사람들의 본질을 꿰뚫어보는 말을 했다. 지나친 쉼으로 방종에 이르는 것은 죄악이지만 달려가야 할 길이 만만치 않은 30대에게 적당한 쉼을 통한 재충전은 절대적으로 필요하다. 당장 다이어리를 펴고 휴식시간을 잡아보자. 그리고 주님께서도 한적한 곳으로 가서 쉬라고 명령하셨음을 기억하자.

4 부끄러움 없는 성(性)인가

정치적으로 암울했던 1980년대 당시 정부는 사람들의 생각을 한 곳으로 돌리기 위해 프로야구를 개막시켰다. 스포츠뿐만 아니라 현대문명을 비판하는 학자들은 현대를 일컬어 '3S시대'라고 한다. 스포츠(Sports), 스피드(Speed), 섹스(Sex)가 판을 치는 세상이라는 말이다.

역사를 통해서 볼 때 과거의 사람들은 전염병을 가장 무서운 것으로 인식했지만 의학이 발달하면서 전염병에 대한 공포는 현저히 감소되었다. 그렇다면 현 상황에서 가장 무서운 것으로 대두되고 있는 것은 무엇일까? 여러 가지를 거론할 수 있겠지만 그 중 하나는 섹스(sex), 다시 말하면 성(性)과 관련된 문제라고 할 수 있다. 이렇게 말할 수 있는 증거는 여러 가지가 있는데 그 중에서도 최근 들어 컴퓨터 통신을 통해서 언제나 접할 수 있는 음란물이 도를 넘었다는 것은 주지할 만한 사실이다.

경찰청이 2002년 3월 18일부터 6일간 한국갤럽과 함께 전국 중고교 100개교 학생 2,100명을 대상으로 실시한 '청소년 의식실태' 조사 결과를 보면 가히 충격적이다. 우리나라 중고생의 6.4퍼센트가 성관계 경험이 있으며, 이 중 상당수가 "15~17세에 이성친구와 처음 성경험을 가졌고 임신했을 경우 낙태를 해야 한다."라고 생각하는 것으로 나타났다. 또 중고생 12퍼센트가 "우리 학급에 돈을 매개로 성관계를 갖는 속칭 '원조교제'를 하는 학생이 있다."고 응답했으며, 원조교제 이유는 '쉽게 돈을 벌 수 있기 때문'이라고 답한 것으로 조사됐다.(한국일보 2002년 5월 17일자 참조) 이런 사실로 미루어볼 때 이제는 성과 관련된 문제가 더 이상 덮어두고 쉬쉬할 문제가 아님을 공감할 수 있다.

그러나 지금까지 교회에서 성에 관한 내용을 입 밖으로 내뱉는 것은 덕스럽지 못한 것으로 인식되어 왔다. 그리고 대체로 성이란 일반 세속 사회의 비신앙인들에게도 추구의 대상이기는 하지만 대단히 수치스러운 것으로 인식되고 있는 것 또한 사실이다. 이런 모든 현상은 성에 대한 올바른 이해와 교육의 부재로 야기된 것이라고 할 수 있다. 실제로 성에 대한 지식을 어느 정도 가졌다고 해도 그 지식은 건전한 것이라기보다는 음성적으로 듣고 본 것들이기 때문에 수치심을 동반하게 된다. 그래서 그런 지식을 따라 행동하면 할수록 양심에 가책을 느끼게 되고 급기야는 정신적인 파탄과 영적인 파멸에 이르게 되는 것이다. 그러나 성경은 현실적으로 다루기 어려운 여러 가지 문제를 던져주고 있는 성에 대해서 다음과 같은 태도가 필요하다고 강조한다.

첫째, 성은 결혼의 정당한 범위 안에서 하나님께서 인간에게 즐기도록 주신 아름다운 선물로 여겨야 한다.

하나님은 사람을 창조하실 때 남성과 여성으로 만드셨다. 그리고 이들을 지으신 후 "보시기에 심히 좋았더라"(창세기 1:31)고 평가하셨다.

이렇게 평가하신 남성과 여성에게 성에 대한 욕구와 성생활을 허락하셨는데 이것은 하나님의 놀라운 지혜 안에서 이루어진 것이라고 할 수 있다. 성경을 전체적으로 살펴보면 하나님이 우리에게 성욕과 성생활을 허락하신 데에는 다음과 같은 세 가지 이유가 있음을 발견할 수 있다. 첫째로는 종족의 생육과 번성을 위해서이고(창세기 1:28 참조), 둘째로는 남편과 아내 사이의 진정한 일치를 가져다주는 사랑의 표현을 위해서이며(창세기 2:24 참조), 마지막으로는 즐거움을 위해서이다(잠언 5:15~19 참조).

일반적으로 첫 번째와 두 번째 이유는 오늘날 기독교 안에서도 널리 받아들여지고 있다. 그러나 세 번째 이유, 곧 즐거움을 위해서 성이 주어졌다는 점에 대해서는 아직까지도 대부분의 신자들이 받아들이기를 상당히 어려워한다. 왜냐하면 성을 선물이나 축복과 같은 긍정적인 단어와 연관짓기보다는 습관적으로 유혹이나 죄와 같은 우울하고 부정적인 단어와 나란히 놓기 때문이다.

성을 추악하고 죄된 것이며 수치스러운 것이라고 느끼는 가장 큰 이유는 성을 단순한 신체 기능 중의 하나라고 생각하는 세속 사회의 영향 때문일 것이다. 첫 사람 아담의 범죄 이후에 모든 것이 왜곡되어 성 역시 비틀린 상태로 세속 사회의 역사 안에서 지속되었다. 그래서 세속 사회에서 성에 대한 욕구나 성 그 자체는 음란, 간음, 동성애 등과 같이 온갖 더러운 것을 포함한 천박한 것의 대명사가 되었고, 성결한 삶을 추구해야 하는 그리스도인에게는 자연스럽게 금기시되었다. 그러나 사도 바울은 "음행의 연고로 남자마다 자기 아내를 두고 여자마다 자기 남편을 두라"(고린도전서 7:2)고 한다. 이 말씀의 본질적인 의미는 전후 문맥을 통해서 살펴볼 때 원래 사람에게는 성적인 욕구가 강하게 자리잡고 있기 때문에 결혼을 통해서 그 욕구를 해소하고 조절할 수 있어야 한다는 것이다. 그러므로 성에 대한 욕구를 가지는 것 자체는 죄가 아니다. 오히려 하나님이 우리들에게 어떤 목적을 가지고 허락하셨음을 깨달아 알 수 있다.

둘째, 성은 절대로 남용하거나 오용하지 말아야 한다.

오늘날의 사회는 "사랑과 결혼을 동반하지 않는 성은 죄악이다."라는 말을 시대에 뒤떨어진 고리타분한 문구로 취급하고 있다. 누구든지 단 몇 분만이라도 텔레비전을 시청한다든지, 지하철을 타고 가면서 주위를 둘러본다든지, 영화나 연극 포스터를 보면 이 사회가 얼마나 방탕과 음란의 열기로 후끈 달아올라 있는지 쉽게 발견할 수 있다. 대중매체들은 세상 사람들의 삶의 관심이 온통 성에 집중되어 있는 것처럼 요란하게 보여주고 있는 것이 현실이다. 또 현대인들 중에 많은 사람이 하나님이 주신 결혼제도에 의문을 제기하고 결혼생활 자체가 무가치한 것이라고까지 주장하기도 한다. 그래서 계약결혼, 부부교환(스와핑), 동성애 등과 같은 왜곡된 형태의 성적 남용의 모습들을 자유로운 성의식의 개방화라는 미명하에 묵인하고 심지어는 합법화하는 양상까지도 보여주고 있다.

그런데 여기서 더 큰 문제는 교회가 이러한 음란한 세대를 거스르지 못하고 있다는 사실이다. 오늘날 교회와 그리스도인들이 경건의 능력을 잃어버려 황폐화되는 가장 큰 이유는 현대 사회가 추구하는 성에 대한 정욕에 함께 함몰되기 때문이라고 할 수 있다. 신자답게 살려는 오늘날의 그리스도인들에게 가장 장애가 되는 요소가 있다면 그것은 다름 아닌

왜곡된 성의 남용과 오용일 것이다. 경건과 음란은 서로 배타적이기 때문에 일단 음란한 세력에 사로잡히면 그 마수에서 헤어나오기가 쉽지 않다. 음란한 시대에 경건의 능력을 가진 참된 그리스도인이 되기 위한 첩경은 올바르지 않은 성적인 관계를 아예 갖지 않는 것이고, 만약 현재 그런 관계에 있다면 빨리 청산하여 회개해야 한다.

셋째, 크리스천들은 하나님 말씀을 통해 순결 훈련을 받아야 한다.

성 문제와 관련하여 크리스천들이 또 하나 염두에 두어야 할 사실이다. 이미 극도의 성적 남용시대에 돌입한 현대는 '순결'이라는 단어를 가치 없는 골동품으로 취급하여 벽장 속에 집어넣어버렸다. 그러나 순결은 이 시대를 살아가는 그리스도인들을 향한 하나님의 거룩한 요구다. 그러므로 성에 대한 균형 잡힌 시각을 유지하며 날마다 경건의 능력을 소유한 삶을 살아가기 위해 끊임없이 하나님의 교훈에 집중해야 한다. 순결을 고수하기 어려운 세상임에 틀림없지만 다음과 같은 하나님의 명백한 요청을 다시 한 번 기억하자.

"하나님의 뜻은 이것이니 너희의 거룩함이라 곧 음란을 버리고 각각 거룩함과 존귀함으로 자기의 아내 취할 줄을 알고 하나님을 모르는 이방인과 같이 색욕을 좇지 말고 이 일에 분수를 넘어서 형제를 해하지 말라 이는 우리가 너희에게 미리 말하고 증거한 것과 같이 이 모든 일에 주께서 신원하여 주심이니라 하나님이 우리를 부르심은 부정케 하심이 아니요 거룩케 하심이니 그러므로 저버리는 자는 사람을 저버림이 아니요 너희에게 그의 성령을 주신 하나님을 저버림이니라"(데살로니가전서 4:3~8).

좋은 취미를 가졌는가　5

　시대가 급변할수록 우울증에 걸리는 사람은 점점 늘어나는 추세다. 1990년에는 폐렴, 설사, 출산과 관련한 질병이 3대 질병이었으나, 2020년이 되면 허혈성 심장질환, 교통사고와 함께 우울증이 3대 질병이 될 것이라고 한다.
　일례로 미국에서 2001년 9·11 테러가 일어난 이후 미국인이 극심한 노이로제와 우울증을 호소한다는 사실이 여러 언론에서 보도되었다. 우리나라 역시 IMF 시절에 우울증 환자가 급증했다는 것은 널리 알려진 사실인데, 이때 여러 기업에서 구조조정을 단행하면서 유행했던 증후군 중에 '구조조정증후군'이 있다. 이 증후군에 빠지면 일단 기억력과 집중력, 성욕이 떨어지는 '정신적 혼돈기'인 1단계를 거치고, 그 다음으로 휴가를 반납하거나 야근을 자청하는 등 일에 몰두해 심리적 갈등을 억압하고 적응하려는 2단계 '정신적 억압기'를 지난 뒤, 자신에 대한 모멸감이 증가하면서 실직의 공포도 사라지게 되고 마침내 자포자기 상태에 빠지는 3단계 '정신적 황폐기'에 이른다. 당시 한 연구에서는 구조조정을 거친 기업의 사무직 노동자 열 명 가운데 여덟 명이 이런 증상에 시달린 것으로 조사되었다. 그리고 지난 2000년에 국제노동기구(ILO)는 신자유주의 세계화에 따른 정신건강 문제가 노동장애요인으로 등장해서 노동자 열 명 가운데 한 명이 업무로 인한 우울증 증세에 시달려 연간 수백억 달러의 비용이 든다는 지구적 차원의 노동자 우울증 통계를 내놓기도 했다.(한겨레21, 2002년 3월 21일자 401호 참조)

이와 같이 우울증으로 대변되는 현대의 정신건강 문제는 점점 더 중요한 문제로 대두되고 있다. 미국국립보건원에서는 우울증과 관련하여 다음과 같은 자가진단 기준을 제시한다.

첫째, 우울하고 불안하며 공허감을 느낀다.
둘째, 절망적인 느낌과 염세적인 생각이 계속 든다.
셋째, 죄책감과 무기력감을 느낀다.
넷째, 성생활이나 즐거운 일, 취미생활에 흥미를 잃었다.
다섯째, 불면증이거나 반대로 지나치게 많이 잔다.
여섯째, 식욕감소나 과식으로 몸무게가 줄거나 늘었다.
일곱째, 힘이 없고 몸이 늘 피곤하다.
여덟째, 죽음이나 자살에 대한 생각이 자꾸 든다.
아홉째, 쉽게 짜증이 나거나 초조하다.
열째, 기억력과 집중력이 떨어진다.
열한째, 두통과 소화불량 등이 계속된다.

미국국립보건원은 만약 이상에서 제시한 기준들 중 네 개 이상의 항목에 그렇다고 응답했다면 전문가와 상담해야 한다고 조언한다. 그러나 깊은 영성을 소유한 사람이 아니라면 30대 가운데 남녀를 막론하고 적어도 세 개 이상에는 그렇다고 응답할 것이다. 그렇다면 나도 예외 없이 우울증에 걸릴 소지가 있거나 이미 우울증에 걸렸다는 말인가?

이런 상황과 더불어 우리 사회에 주5일 근무제가 시작되면서 큰 관심거리로 대두된 것 중 하나가 늘어나는 휴식 시간의 활용에 대한 방안이다. 1970년대와 1980년대 산업화 과정을 겪어온 우리나라 사람들은 대부분 휴식과 놀이문화에 익숙하지 않은 것이 사실이다. 그래서 주5일 근무제 이후 새롭게 주어진 시간을 잘 활용해야 할 방안이 요청되고, 시간활용을 둘러싸고 사회적인 문제로까지 확대될 수 있다는 지적도 조심스럽게 제기되고 있다. 어떤 전문가들은 남는 시간을 이용해 많은 사람이 퇴폐향락에 탐닉하게 될 것이라고 경고하기도 한다.

그렇다면 이런 상황을 어떻게 해결할 수 있을까? 한 가지 재미있는 것은 대부분의 전문가들이 내놓은 해결책이 거의 일치한다는 것이다. 그것은 세상이 밝아지고 사람들이 행복을 느끼는 삶을 살게 되면 정신건강을 해치는 일은 별로 나타나지 않을 것이라는 아주 평범한 진리다. 결국 물질적으로 누가 더 많이 가졌느냐 적게 가졌느냐의 문제도 아니고, 지위가 높고 낮음의 문제도 아니며 얼마나 세상을 긍정적으로 바라볼 수 있느냐가 문제 해결의 관건이라는 것이다.

우울증이 늘어가고 휴식 시간도 점점 늘어가는 현대사회에서 세상을 긍정적으로 바라보고, 자신의 행복을 추구할 수 있는 취미를 가져야 한다는 것은 이런 점에서 굉장히 중요하다. 취미란 한 마디로 '스스로 좋아서 하면 할수록 즐거워지는 일'이라고 정의할 수 있다. 하면 할수록 즐겁고 기쁨이 넘치는 취미생활을 하는 사람이 우울증에 걸리거나 남은 시간을 비효율적이고 엉뚱한 일에 사용할 리는 결코 없을 것이다. 그러므로 그 일을 해서 자신도 즐겁고, 그 속에서 생의 의미를 깊게 하며, 함께 살아가는 가족이나 이웃들과도 스스럼없이 어울릴 수 있고, 그들에게 긍정적인 영향을 끼칠 수 있는 좋은 취미를 가졌는지 다시 한 번 점검해보자.

버려야 할 습관은 없는가 6

　이름 석 자만 대면 누구나 아는 유명 코미디언이 장기간에 걸친 흡연으로 인해 폐암에 걸려 투병중에 찍은 금연 홍보 공익광고가 TV에 방영된 적이 있다. 호흡기를 꽂은 채 고통스러워하며 "여러분, 담배 끊으세요. 담배 피우면 저같이 됩니다."라고 말하는 그의 모습은 일파만파로 전국 애연가들의 가슴을 뒤흔들어놓으며 파장을 일으켰다. 그래서 그런지 아무리 가족들이 닦달해도 쉽게 끊지 못하던 담배를 끊었다고 말하는 이들이 주변에 심심치 않게 나타나고 있다. 실제로 지난 2002년 5월 23일 한국금연운동협의회가 발표한 자료에 의하면 성인남자 흡연율은 55.1퍼센트로 지난해 69.9퍼센트에 비해 14.8퍼센트 감소했다. 특히 연령별 남자 흡연율을 보면 30대가 60퍼센트로 전년도보다 18.6퍼센트나 감소했다.
　"담배 끊은 사람은 지독한 사람이니까 절대로 사귀지 마라."는 우스갯소리도 있지만 담배처럼 젊은 시절 호기심과 멋으로 시작한 것이 인이 박혀 끊지 못하고 습관으로 굳어진 경우를 우리는 흔히 볼 수 있다. 그런데 정작 우리를 불행하게 하는 일은 좋은 습관은 쉽게 포기하지만 잘못된 습관은 포기하기 어렵다는 사실이다. 자기 자신에게는 습관으로 굳어져 있기 때문에 별 것 아니라고 생각할 수 있지만 그것으로 인해 주변 사람들에게 고통을 주는 사례는 얼마든지 있다.

멀리 미국에서 일어나고 있는 일이긴 하지만 자녀를 둔 부모라면 자신의 운전습관을 다시 한 번 점검해봐야 할 만한 자료가 있다. 2002년 3월 29일 미국의 캘리포니아교통연구소(CIT)와 샌디에이고 주립대가 10대 청소년 400여 명을 설문조사한 결과에 따르면 남학생의 77퍼센트가 음주운전이나 자동차 경주 등 난폭운전을 경험한 적이 있다고 말했다. 그런데 중요한 것은 10대들이 음주운전 등의 난폭운전 습관을 부모로부터 보고 배웠다는 것이다. 설문에 응답한 학생들은 자신의 난폭운전 습관에 가장 영향을 미친 사람으로 부모, 특히 아버지를 꼽았다.

어디 운전 습관뿐이겠는가? 모임시간에 항상 지각하는 습관, 걸핏하면 상스런 욕을 내뱉는 습관, 길거리에 침 뱉는 습관, 집에서 매일 양말을 뒤집어 벗어놓는 습관, 치약을 중간부터 짜서 사용하는 습관……. 어쨌든 나쁜 습관은 버려야 한다. 이런 점에서 흡연습관을 끊기 위해 사용하는 '금연침'은 좋은 아이디어를 준다. 2~3일 간격으로 6~7회 침을 맞으면 된다는 금연침의 원리를 버려야 할 다른 습관에도 적용해보면 좋을 것이다. 예를 들어 욕을 많이 하는 습관을 가졌다면 욕을 많이 하는 입에 침을 맞는다고 상상해보자. 아무래도 욕하는 일이 줄어들 것이다. 그러나 아직까지 욕하는 영역에 사용할 수 있는 침은 개발되지 않았으므로 잘못된 습관을 버리기 위해서는 전통적인 방법을 사용할 수밖에 없다.

첫째는 부정적인 방식으로 잘못된 습관을 버리는 것이다. 학창시절에 똑같은 내용의 반성문을 팔이 아프도록 수십 장 혹은 백 장씩 적어본 사람이라면 쉽게 이해할 것이다. 아마도 계속해서 반성문을 적으면서 다시는 이런 일을 하지 않겠다고 다짐했을 것이고, 잘못된 행동을 똑같이 반복할 만한 기회가 왔을 때 반성문을 적었던 불쾌한 기억 때문에 자제했을 것이다. 같은 방법으로 잘못된 습관을 반복할 때마다 불쾌한 감정이 연상되어 그 습관에 대해 혐오스런 감정을 갖게 하는 방법으로 잘못된 습관을 버릴 수 있다. 만약 모임에 자주 지각하는 습관을 가졌다면 항상 그 모임에 드는 비용은 자신이 부담하는 것도 습관을 고칠 수 있는 좋은 방법이 될 것이다. 돈이 아까워서라도 가능한 한 늦지 않으려고 노력할 것이기 때문이다.

둘째는 긍정적인 방식으로 잘못된 습관을 버리는 것이다. 바람직한 방향으로 움직일 때마다 적절한 보상을 자신에게 주는 것을 말한다. 예를 들어 남편이 퇴근 후 집에 들어와 양말을 뒤집어 벗어놓지 않은 날(물론 이렇게 하는 것이 당연하지만)은 아내에게 안마를 받을 수 있는 호강을 누리도록 부부간에 약속하는 것이 바로 이러한 방법이다.

우리나라에서도 베스트셀러가 된 《영혼을 위한 닭고기 수프》 중에 이런 말이 있다.

"평범한 사람과 전사의 근본적인 차이는 전사는 자기에게 일어나는 모든 일을 하나의 도전으로 받아들이지만 평범한 사람은 행복이나 비극의 관점에서 받아들인다는 것이다."

삶의 과정에서 온갖 크고 작은 문제에 부닥칠 때마다 '나는 원래 그런 사람'이라고 포기해버리면 우선은 편할 수도 있다. 그러나 문제들을 하나의 도전으로 간주하고 극복하기로 마음먹는다면 힘은 들지 모르지만 성숙을 위해 끊임없이 치러내야 하는 싸움에서 승리할 수 있는 저력을 구축하게 될 것이다. 그러므로 잘못된 습관은 없는지 살피고 버리겠다는 결심을 지금부터라도 하는 것이 중요하다.

항상 평안한가　7

"평안하셨습니까?" 우리가 자주 사용하는 인사말이다. 마음에 평안이 없으면 지옥과 다르지 않을 것은 자명한 일이다. 그래서 평안에 반대되는 근심과 두려움을 마음속에 가질 때 뼈가 마르게 된다고 성경은 강조한다.(잠언 17:22 참조)

사실 우리의 삶을 돌아보면 평안이 없어서 불안해소비용을 지불하는 영역이 꽤 많음을 쉽게 확인할 수 있다. 비근한 예로 부모가 자녀에게 과외공부를 시키는 비용도 따지고보면 불안해소비용이다. 자녀의 특성을 살려주고 재능을 키워주기 위해서라기보다는 비슷한 또래의 아이들이 모두 과외공부하고 학원 다니는데 자신의 아이만 하지 않는다면 뒤떨어질 것 같은 불안감 때문에 곧바로 비용지불이 이어지는 것이 대부분이기 때문이다. 이런 상황에서 우리나라의 학부모 열 명 중 여덟 명은 가계부담이 커도 사교육비를 줄이지 않을 것이라고 한다. 그래서 한국의 학부모들은 '달마가 동쪽으로 간 까닭은?'이라는 영화제목의 물음에 대해 '사교육비 없는 동네를 찾아서'라고 답변한다는 웃지 못할 유머도 있다.

모든 것이 불안한 시대다. 한 마디로 평안이 없다. 장래가 불안하고, 함께 일하는 사람들이 자신을 어떻게 평가하는지 인간관계가 불안하고, 힘이 펄펄 넘치는 것 같지만 30대 중반을 넘기면서부터는 건강이 슬슬 걱정되고 불안해지기 시작한다. 그러나 뒤집어 생각하면 사실 불안함 자체가 모두 잘못된 것은 아니다. 과식을 해서 체중이 점점 늘어나는 것에 대해 불안해하는 것은 나쁘지 않다. 이런 불안을 갖고 있는 사람은 음식을 절제하기 위해 신경을 쓰고 조절할 것이기 때문이다. 간 기능 손상에 대한 불안함으로 금주를 선언하는 것 역시 긍정적인 일이다. 하지만 삶 속에서 일어나는 모든 일을 바라보면서 그 속에 잠재해 있는 일말의 가능성만으로 불안에 떠는 것은 결코 바람직하지 않다. 왜냐하면 그런 불안은 사람을 소극적으로 만들 뿐만 아니라 더 나아가 그 사람의 인생 전체를 망쳐버릴 수도 있기 때문이다. 그러므로 일상에서 평안함을 갖는 것은 당위적 과제인 셈이다.

인간경영 분야의 최고 컨설턴트로서 세계적으로 알려진 데일 카네기는 그의 저서 곳곳에서 쓸데없는 염려를 버려야 한다고 언급했다. 일례로 《생각이 사람을 바꾼다》에서 그는 다른 사람들이 자신에 대해 험담할 때 마음속에 올바르다는 생각이 있다면 신경 쓰지 말라고 권고한다. 카네기에 의하면 타인으로부터 부당한 비평을 받는 것은 능히 있을 수 있지만 그저 지나쳐버리면 마음이 평온해진다는 진리를 깨달아야 세상사를 제대로 살 수 있다는 것이다.

하나님께 이 세상에서 고난이 없기를 구하는 것만큼 어리석은 기도는 없을 것이다. 천국을 향해 순례의 길을 가는 동안 계속해서 우리의 마음 속으로부터 평안을 빼앗아갈 일들은 수없이 많이 닥칠 것이기 때문이다. 그러므로 참된 평안을 얻기 위해서라면 오히려 세상을 향해 담대함으로 맞서 싸워야 한다. 이렇게 말할 수 있는 근거는 비록 우리가 세상에서 환난을 당하지만 우리에게 참된 평안을 끼치기 위해서 이미 "내가 세상을 이기었노라"(요한복음 16:33)고 예수님께서 선포하셨기 때문이다.

요한복음 14장 27절에서 "평안을 너희에게 끼치노니 곧 나의 평안을 너희에게 주노라 내가 너희에게 주는 것은 세상이 주는 것 같지 아니하니라 너희는 마음에 근심도 말고 두려워하지도 말라"는 우리 주님의 확신에 찬 음성에 귀를 기울여야 한다. 염려와 불안에 관한 한 어느 분의 말씀대로 어제의 비로 오늘의 옷을 계속해서 적시지 말고, 내일의 비를 위해 오늘의 우산을 펴는 어리석음도 행하지 않는 자세가 필요하다. 결국 혹독했던 과거가 있었더라도 거기에 연연해서 불안해하지 않고, 아직 문 앞에 오지도 않은 일 때문에 미리 불안에 떠는 일은 없는지 스스로 점검해야 한다. 그러나 지속적인 평안을 누리기를 원한다면 내일 갑작스런 소나기가 우리 삶에 쏟아질지도 모르니 우산 하나쯤은 가방이나 차 속에 챙겨두는 준비자세가 필요할 것이다.

인간 관계에서

어느 시인의 말처럼 살아간다는 것은 누군가와 동행한다는 의미로 받아들일 수 있다.

그런데 이왕이면 동행하는 이들과 마음을 터놓고 항상 그들에 대한 그리움을 안고

그들과 같은 세상에서 호흡하고 있는 것을 기껍게 여기며 산다면 그 삶이 얼마나 기쁘고 아름답겠는가?

가족과 얼마나 함께하는가 8

2002년 4월 28일 금강산에서 제4차 이산가족 상봉이 열렸다. 울음바다가 된 그 현장에서 "애인 있었어? 난 52년간 수절했는데, 혹시 따로 사귀던 애인과 북한에 올라가 재혼한 거 아니야?"라며 반세기 만에 만난 남편을 향해 따발총같이 쏘아대서 화제가 된 정귀업 할머니가 있었다. 한국전쟁으로 남편과 헤어져 52년간 수절해온 할머니의 애절한 사랑이야기는 많은 이를 감동시켰고, 살아생전 남편을 보게 된 감격에 줄곧 눈시울을 붉히던 할머니의 인생역정을 통해 민족분단의 아픔을 뼈저리게 느낄 수 있었다. 그러나 사실 민족분단이라는 거대담론보다는 소시민적인 가슴으로 생각할 때 헤어져 있는 가족의 절절한 아픔이 더 컸다.

젊은 남녀가 결혼하기 전에는 그렇게도 함께하는 시간이 소중했고 시간이 흐르는 것이 아쉽기만 했는데, 가정을 이루고 자녀를 양육하는 과정에서는 가족들과 함께한다는 사실 자체에 점점 심드렁해지는 모습을 쉽게 발견할 수 있다. 실례로 조기유학 열풍이 우리 사회에 불어닥친

후, 어린 자녀들과 어머니는 해외에서 함께 생활하고 아버지는 혼자 남아 자녀들의 학비와 생활비를 버는 가족 해체현상이 나타나는 것도 우리나라의 독특한 사회풍속도라고 할 수 있다. 우리가 알아야 할 것은 성경이 제시하는 분명한 진리는 어떤 이유로라도 가능한 가족은 함께해야 한다는 것이다. 전도서에 다음과 같은 고백이 나온다.

"내가 또 돌이켜 해 아래서 헛된 것을 보았도다 어떤 사람은 아들도 없고 형제도 없으니 아무도 없이 홀로 있으나 수고하기를 마지 아니하며 부를 눈에 족하게 여기지 아니하면서도 이르기를 내가 누구를 위하여 수고하고 내 심령으로 낙을 누리지 못하게 하는고 하나니 이것도 헛되어 무익한 노고로다 두 사람이 한 사람보다 나음은 저희가 수고함으로 좋은 상을 얻을 것임이라"(전도서 4:7~9).

이 말씀은 열심히 일하지만 누구를 위해서 일하는지도 모르고, 더 나아가 가족들을 완전히 잊어버리고 일하는 것은 헛되다는 의미다. 영국 BBC방송에서는 "가정친화적 노동환경 기업생산성 높인다"는 주제의 재미있는 기사를 보도했다. 그리고 영국 케임브리지대학교의 경영연구소 조사 결과에 의하면 기업이 육아휴가와 자녀양육 보조, 재택근무 등 가정친화적인 노동환경을 조성할 경우 생산성이 향상되고 작업의 질이 개선되었다고 한다. 이런 환경이 직원들의 애사심을 고무시키고 이직률을 하락시켰다는 것이다.

가정의 울타리가 얼마나 중요한지는 아무리 강조해도 지나치지 않는다. 주변을 돌아볼 여유도 없이 앞만 보고 달려오는 동안 사실 가족들의 얼굴을 잊어버리고(?) 살아온 것이 30대의 현실이다. 그러나 분명한 것은 아무리 열정을 가지고 앞만 보고 달릴 수밖에 없는 현실에 직면해 있다고 할지라도 함께해야 할 가족들을 뒷전에 밀어놓고 있는 이상 모든 것이 '헛되다'고 선언하는 성경말씀에 다시 한 번 귀를 기울여야 한다는 것이다.

또 한 가지 영국의 옥스퍼드대학교 자녀양육연구센터가 40여 년에 걸쳐 연구한 결과는 가족들이 함께하는 시간이 얼마나 중요한지 반증해준다. 연구결과에 따르면 자녀가 일곱 살 때 아버지가 양육에 적극 참여한 경우, 이는 훗날 그 자녀의 '학업성적'과 밀접한 관계가 있다는 것이다. 또 아버지와 자녀들 간의 강한 유대관계는 자녀들의 정신질환 발생률을 감소시키고, 아버지가 자녀양육에 참여하면 자녀들이 성장했을 때 범죄를 저지를 가능성이나 부랑자가 될 가능성도 낮아진다고 한다.(한겨레신문 2002년 3월 2일자 참조)

이 같은 연구결과는 직장과 가정생활 사이의 균형의 중요성을 말해준다. 불필요하게 바깥에서 시간을 낭비하는 일은 없는지 돌아보자. 바쁘고 힘들지만 어떻게 하면 나를 지탱해주는 가족들과 더불어 조금이라도 더 함께할 수 있을지 생각해보자. 무의식중에 호흡하는 공기와 같은 가족들과 더불어 어떻게 시간을 보낼 것인가를 이제는 책임감을 갖고 생각해야 한다. 매순간 일에 매몰되어 정신없이 보내고 있지만 잠시라도 눈을 감고 가족들 한 사람 한 사람의 얼굴을 떠올려보자. 어느 광고 문구처럼 '사랑보다 더 귀한 것, 그것은 함께하는 것'이다.

9 세대 연합의 견인차인가

　전혀 예상 밖이라고 생각할 수 있는 영화 한 편이 2002년 상반기 영화계에 돌풍을 일으켰다. 깡촌에 사는 일흔일곱 살 할머니와 무례하기 짝이 없는 도시아이로 그려진 일곱 살짜리 외손자가 짧은 기간 동안 산골에서 동거한 이야기를 영화로 만든 것이 관람객을 수백만이나 동원했다. "이 땅의 모든 외할머니께 바칩니다."라는 엔딩자막이 상징하듯 〈집으로〉는 아무리 못된 짓을 해도 마냥 받아주던 너른 품을 지닌 할머니에 대한 아련한 향수와 기억의 흔적을 관객들에게 선사했다. 물론 날카롭게 비평하자면 너무나 버릇없는 손자를 따끔하게 혼내는 부분도 있어야 하고, 할머니의 자기주장도 있어야 한다고 말할 수도 있다. 그러나 어쨌든 영화 〈집으로〉는 우리 할머니들의 따뜻함을 여지없이 보여주고 아무리 세대간에 격차가 있다 해도 사랑은 허다한 허물을 덮고 그 사랑은 의사소통을 가능케 한다는 상징적 의미를 던져주었다.

　우리 사회가 현대화하면서 '가족붕괴' 혹은 '가족해체'라는 말은 사회적으로 흔히 통용되었다. 실제로 가족제도가 급속하게 변하면서 핵가족의 정착과 이에 따른 가족구성원의 변화로 이미 '스위트 홈'이라는 단어는 노랫가락 속에나 나오는 잊혀진 말이 되어가고 있는 실정이다. 세상의 그 어떤 변화보다도 가족이라는 안전망 자체가 변화하는 것은 개개인에게 충격을 주며 사회 역시 전체적으로 홍역을 겪고 있는 것처럼 보인다. 그래서 그런지 불륜, 삼각관계, 애인 등과 관련된 주제들이 별다른 여과 없이 TV드라마 소재로 등장하고 있다.

그러나 분명한 것은 가족의 물리적 환경이 변할수록 가족을 향한 심리적 연대감은 더욱 증대한다는 사실이다. 우리에게는 서로를 이어줄 수 있는 그 어떤 것이 더욱 절실히 필요하다. 곧 세대와 세대 사이를 잇는 연대적 역할이 필요한 것이다. 비록 과거 개념의 가족이라는 틀에 대한 전통적인 사회적 합의가 무너졌다고는 하지만 이럴 때일수록 세대와 세대를 이어주는 가족에 대한 이해가 우리의 부모님과 자녀들에게 필요한 것이다.

주변의 모든 상황이 변한다 할지라도 변하지 않고 항상 그 자리에 있는 것이 가족이라는 사실을 부인하는 이는 아무도 없을 것이다. 불행하게도 생활이 바빠지고 사회 구조가 점점 복잡해지면서 할아버지 할머니는 손자 손녀를, 우리의 자녀들은 할아버지 할머니의 너른 품을 체험할 수 있는 기회를 점점 빼앗기고 있다. 마음이야 굴뚝같지만 폭등하는 집값 역시 전 세대를 하나로 묶는 일을 방해하는 방해꾼 중에 하나다. 그러나 아무리 시대가 악해진다 하더라도 역시 나 자신과 자녀들을 든든히 보호해줄 수 있는 울타리는 지금 이 땅에서 함께 호흡하고 있는 가족들이다.

이런 점에서 한길리서치가 2000년 5월에 실시한 주5일 근무제 여론조사 결과는 상당히 고무적이다. 조사결과에 따르면, 국민의 대다수가 주5일 근무제와 주5일 수업제를 찬성하는 것으로 나타났는데 중요한 것은 주5일 근무제로 얻게 될 휴일을 가족과 함께 보내거나 여가를 즐기는 시간으로 활용하겠다는 사람이 절반을 넘었다는 사실이다. 물론 이 결과를 놓고 공익을 위해 사회봉사를 하겠다는 결과가 상당히 적었다는 비판적인 신문기사들도 있었지만, 새롭게 주어진 시간을 세대와 세대를 이어주는 귀한 시간으로 선용할 수만 있다면 사회적으로도 고무적인 현상이 아닐 수 없다.

KBS TV프로그램 중에 〈인간시대〉라는 다큐멘터리 프로그램에서 2002년 5월 6일부터 10일까지 방송한 '산골가족' 편은 여러 가지를 시사해준다. 강원도 평창 청옥산 산골집에 일흔이 넘은 아버지 천우범 씨와 스물한 살 아래인 어머니 이종련 씨, 그리고 여섯 명의 자녀가 살아가는 모습을 담은 내용이었다.

아버지는 본래 걸인들을 모아 개척교회를 세운 목회자인데, 병이 들어 26년 전에 고향으로 돌아와 지금의 아내와 결혼했다. 아이들은 매일 아침 "잘 낳아 잘 기르자. 잘 배워 효도하자. 잘 먹고 건강하자."라며 가훈을 외쳤고, 아버지는 자녀들을 중학교 과정까지만 가르치고도 마을에서 칭찬받는 젊은이로 키워냈다. 자녀들은 사회에 나가 큰 그릇이 되는 것도 중요하지만, 가족과 어울려 사는 것이 최고의 행복이라고 믿고 있었고, 아버지는 사람은 좋은 학교에 다니지 못해서 잘못되는 게 아니라 가정에서부터 제대로 배우지 못했기 때문에 잘못되는 것이라고 믿고 있었다.

연령별로 볼 때 30대는 할아버지와 할머니의 세대와 우리의 딸과 아들의 세대를 가장 효과적으로 이어줄 수 있는 시기다. 우리의 자녀들이 할아버지 할머니와 함께하는 것 자체를 기쁘게 여길 수 있도록 30대인 우리의 시간을 선용하자.

10 부부가 함께 세워가는 가정인가

연전에 시골의 노부부들이 함께 출연해서 퀴즈를 맞히는 코미디프로그램이 있었다. 프로그램의 한 코너로 한 사람이 단어를 설명하면 다른 사람이 그것에 해당하는 단어를 알아맞히는 연상퀴즈를 진행했다. 할아버지가 할머니에게 무엇인가를 열심히 설명했다.

"남자와 여자가 결혼해서 살면 서로 뭐라고 하지?"

할아버지의 질문에 할머니는 당연하다는 듯이 "웬수."라고 대답했다. 답답해진 할아버지는 언성을 높이면서 다시 설명했다.

"아니, 당신하고 나 사이를 뭐라고 해?"

할머니의 대답이 걸작이다.

"평생 웬수."

평생에 단 한 번 하는 결혼식에서 두 사람이 서로 맺은 결혼서약을 보자. 주례자가 "신랑과 신부는 오늘부터 한평생 길이 사랑하며, 귀중히 여기고 서로 도와주고 위로하며, 고락간에 변치 않고 생전에 일정한 부부의 대의와 정조를 굳게 잡아 도무지 변하지 못할 줄 알고 하나님 앞과 모든 증거하는 사람들 앞에서 확실히 서약하십니까?"라고 묻는 물음에 두 사람은 "네."라고 대답한다. 이어서 주례자가 "이 두 사람이 부부가 된 것을 공포하노니, 하나님께서 짝지어주신 것을 결코 사람이 나누지 못할 것이라. 아멘."으로 선언하면 결혼식은 끝을 맺는다. 그런데 이런 약속을 한 지 이제 길어야 10년 안팎인데 벌써 '평생 웬수와 한지붕 밑에 산다.'고 하는 이들만큼 불행한 사람은 없으리라.

통계청이 발표한 1993년 통계에 의하면 우리나라의 부부 일곱 쌍 중 한 쌍이 이혼하는 것으로 나타났다. 그러나 10여 년이 지난 시점에서 통계청이 2002년 5월 21일에 발표한 "2001년 혼인·이혼 통계결과"에 의하면 하루 평균 370쌍씩 모두 13만 5천 쌍이 이혼(결혼한 사람은 하루 평균 877쌍씩 모두 32만 100쌍으로 나타났다)한 것으로 파악되어 거의 세 쌍 중 한 쌍이 이혼한 것으로 나타났다. 더욱 심각한 것은 이혼 연령층 가운데 가장 높은 연령대가 30대 후반이라는 사실이다. 그리고 이혼 사유는 부부 불화(가족간 불화 포함)가 74.0퍼센트로 가장 많았고 다음으로 경제문제(11.6퍼센트), 건강문제(0.7퍼센트) 등의 순서였다.

어쩌면 우리는 서로에게 슈퍼맨, 슈퍼우먼을 기대하는 것이 일반화되었는지도 모른다. 남편은 성격도 좋고(일례로 잔소리도 안 하고), 아이들도 잘 양육하고, 살림도 알뜰히 하고, 기왕이면 재정적으로 능력도 있는 아내를 기대할지도 모른다. 그리고 아내는 돈도 잘 벌어다 주고, 아이들과 잘 놀아주고, 가사 일도 잘 도와주는 다정다감하고 성격 좋은 남편을 기대할지도 모른다. 기대하는 것이 나쁜 것은 아니지만 문제는 기대가 기대로 끝나지 않고 현실 속에서 그 기대치에 이르지 못할 때는 불평하기 시작한다는 것이다.

성경은 결코 남편과 아내가 완벽해야 훌륭한 부부라고 선언하지는 않는다. 다만 모든 일을 주께 하듯 성실하게 감당하는 이들을 향해 칭찬하실 것이라고 기록하고 있다.(골로새서 3:23 참조) 가정이란 서로 부족한 사람들이 만나서 완성을 향해 조금씩 전진하며 두 사람이 함께 세워가는 것이다.

누구에게나 동반자는 필요하다. 외롭고 힘들수록 더욱 그러하다. 그런데 모든 사람이 그런 사람 하나만 있으면 좋겠다는 생각을 하고 인생의 많은 시간을 허비하는 것 또한 사실이다. 그러나 만약 당신이 기혼이라면 바로 그 동반자가 내 옆에 있음을 깨달아야 한다. 이것만 깨닫는다면 더 이상 인생의 숨바꼭질을 할 필요 없이 방금 보았더라도 며칠을 못 본 것같이 또다시 보고 싶은 그 사람을 내 옆에 두고 있는 기쁨을 누리며 살 수 있을 것이다.

조금은 진부한 이야기일지 모르지만 가정의 행복은 저절로 만들어지는 것이 아니라 희생과 헌신으로 함께 길러가는 것이다. 행복과 관련된 우화를 하나 소개한다.

'원하는 것은 무엇이든지 다 구해드립니다.'라는 광고문이 붙은 가게에 들어와서 한 사람이 물었다.

"정말 무엇이든지 다 구해줍니까?"

"그럼요, 무엇이든지 말씀만 하십시오."라고 주인은 자신 있게 대답했다. 그 사람은 "행복을 사고 싶습니다."라고 말했다.

그러자 주인이 웃으면서 대답했다.

"무엇인가 단단히 오해하셨군요. 여기는 모든 것을 다 팔지만, 완제품이 아니라 그 씨앗을 팔고 있습니다. 행복의 씨앗은 드릴 수 있지만, 열매는 손님이 직접 길러 따셔야만 합니다."

행복한 가정을 만들기 위해서는 분명히 두 사람의 시간과 노력이 필요하고, 대화가 필요하고, 서로가 서로에게 길들여지는 과정이 필요하고, 참고 인내하는 기다림이 필요하고, 너와 나의 희생과 헌신이 필요하다.

11 청지기의식으로 자녀를 양육하는가

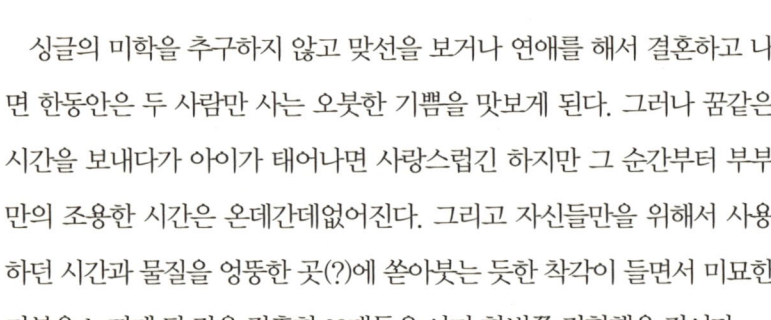

싱글의 미학을 추구하지 않고 맞선을 보거나 연애를 해서 결혼하고 나면 한동안은 두 사람만 사는 오붓한 기쁨을 맛보게 된다. 그러나 꿈같은 시간을 보내다가 아이가 태어나면 사랑스럽긴 하지만 그 순간부터 부부만의 조용한 시간은 온데간데없어진다. 그리고 자신들만을 위해서 사용하던 시간과 물질을 엉뚱한 곳(?)에 쏟아붓는 듯한 착각이 들면서 미묘한 기분을 느끼게 된 것을 결혼한 30대들은 아마 한번쯤 경험했을 것이다.

사실 우리나라 부모들만큼 자녀 사랑에 관한 한 유별난 사람은 없을 것이다. 자녀들에게 안락하고 순탄하며 기회가 많은 인생을 만들어주기 위해 물불을 가리지 않는다. 일부 부유층들은 다른 사람들의 비난과 눈총에도 아랑곳하지 않고 자녀들에게 미국시민권을 선물로 안겨주겠다는 생각에 원정출산을 하거나, 서너 살짜리 아이를 학원비가 한 달에 백만 원이나 하는 영어학원에 보내고, 그것도 모자라 아이가 본토인처럼 발음하게 하려고 혀수술까지 해준다고 한다. 그 뒤로도 부모는 입시와 결혼, 취업에 이르기까지 자녀들의 인생에 줄곧 관여한다. 자녀에 대한 이런 집착이 바로 사회문제로까지 비화하여 정치인과 기업인들의 자녀 병역비리나 친인척비리로까지 이어지고 있는 것은 도저히 설명이 불가능한 '자녀집착 증후군'이라고 말할 수밖에 없을 것이다.

예수님 당시에도 자녀집착 증후군에 빠진 어머니가 있었다. 마태복음 20장에 기록되어 있는 야고보와 요한의 어머니가 바로 그 사람이다.

"그때에 세베대의 아들의 어미가 그 아들들을 데리고 예수께 와서 절하며 무엇을 구하니 예수께서 가라사대 무엇을 원하느뇨 가로되 이 나의 두 아들을 주의 나라에서 하나는 주의 우편에, 하나는 주의 좌편에 앉게 명하소서"(마태복음 20 : 20~21).

물론 이 땅의 어머니치고 자녀가 잘되기를 바라지 않는 사람은 없을 것이라는 상식선에서 야고보와 요한의 어머니는 당연한 일을 했다고 볼 수 있다. 그러나 크리스천 부모라면 항상 한 가지를 더 생각해야 한다. 그것은 다름 아니라 마태복음 20장 22절에 나오는 "너희 구하는 것을 너희가 알지 못하는도다 나의 마시려는 잔을 너희가 마실 수 있느냐."라는 예수님의 말씀대로 우리의 자녀들이 영광스러운 자리에 올라가기를 원한다면 동시에 그들이 받아야 할 고난도 함께 생각해야 한다는 점이다. 나의 아들과 딸이 잘되는 것이 궁극적으로 하나님께 영광이 될지, 또 주변의 이웃들에게 덕과 유익이 될지 항상 생각하면서 그들을 격려하고 뒷받침해주어야 한다. 그러므로 성경적 관점에서 엄밀하게 보면 부모는 자녀를 하나님의 사람으로 키워내기 위한 책임과 소명을 가진 청지기라고 할 수 있다.

치유사역으로 널리 알려진 크리스천치유상담연구원 원장 정태기 박사는 한 강연에서 다음과 같이 말했다.

"미국의 어느 작은 도시의 통나무집 앞에는 이런 푯말이 세워져 있습니다. '이 집은 작습니다. 그러나 이 집은 위대한 집입니다. 이 집은 작습니다. 그러나 이 집의 후손들에 의해 오늘의 미국이 빛을 발하게 되었습니다.' 이 집의 주인이었던 조나선과 사라 부부는 아이를 열두 명 낳았습니다. 이 가문은 5대에 걸쳐 부통령 1명과 주지사 3명, 대도시 시장 3명, 대학 총장 13명, 변호사 139명, 판사 33명, 목사와 선교사 116명, 사업가 75명, 발명가 25명, 의사 68명, 교수 66명, 고위관리 82명을 배출했습니다."

그는 여느 가문에서는 한 명도 나오기 힘든 인물들이 이 가문에서 많이 배출된 이유는 조나선과 사라 부부가 아이들의 마음속에 사랑하며 사는 모습을 그려주었기 때문이라고 설명했다. 또한 그는 가정은 인간의 마음그릇을 구워내는 가마와 같다고 표현하면서 "하나님은 가정에서만 인간의 마음그릇을 구워내도록 특허를 주셨기 때문에 교회나 학교는 가정에서 구워낸 이 그릇에 필요한 내용물을 담아주게 됩니다. 따라서 부모가 물려줄 수 있는 귀한 유산은 먼저 자녀를 큰 그릇으로 만들어내는 것입니다."라고 말했다.

부모는 자녀의 마음그릇의 용량과 크기를 결정하는 절대적인 존재다. 사실 부모가 안정된 모습을 보여주면 자녀의 마음그릇은 안정될 수밖에 없다. 《자녀를 천재로 만드는 축복기도》를 쓴 말씀의교회 김태원 목사는 매일 아침 학교에 가는 자녀들의 머리에 손을 얹고 기도한다고 한다. 김 목사는 세상의 어떤 방법보다 효과적이고 완전한 교육 방법은 자녀를 위해 축복기도를 하는 것이라고 전한다. 자녀양육의 청지기로서 반드시 새겨두어야 할 의미 있는 말이다.

마음을 열고 대화할 친구가 있는가 12

"고마 해라. 마이 묵었다아이가."

특정 지방의 사투리를 사용하여 조금은 낯설게 느껴질 수도 있지만 한국영화사에 한 획을 그은 영화 〈친구〉는 말 그대로 학창시절의 친구를 다시 떠올리는 신드롬을 일으켰다. 그래서 까까머리 고등학생들이 신나게 달리던 부산의 범일동 거리는 유명한 관광지가 되기도 했다.

누구를 막론하고 친구와 관련한 아름다운 추억이 없는 사람은 없을 것이다. 성경에 나오는 다윗과 요나단처럼 생사를 넘어선 친구의 우정을 보여주는 관계는 아닐지라도, 대개는 성장과정에서 말로 표현할 수 없을 만큼 끈끈한 정을 나누고 하루라도 만나지 않고는 못 배기는 친구를 서너 명은 두었을 것이다. 그러나 지금 우리는 학교를 졸업하고 취직을 하고, 또 결혼한 이후 일상의 분주함이라는 족쇄에 매여 모든 것을 잃어버린 채 살아가고 있다. 그러는 사이 언제부터인가 가슴을 열고 대화할 친구들이 주변에서 하나 둘씩 사라져버렸다. 어쩌면 대화할 친구가 그리워도 홀로 있는 자신을 발견하고 고독 속에 침잠해 있는 것이 30대의 모습인지도 모른다.

미국의 사회학자 데이비드 리스먼은 1950년에 출간한 《고독한 군중(The Lonely Crowd)》에서 현대산업사회에서 사람들이 느끼는 고립감을 예리하게 분석했다. 그는 현대 대중사회의 생활양식의 변화를 언급하면서 사람은 처음에는 부모나 다른 성인권력집단으로부터 영향을 받는 '내부지향형(inner-directed)'이지만 점차 성장하면서 또래집단의 영향을 받는 '외부지향형(other-directed)'으로 발전한다고 주장했다. 실제로 사회가 점점 고도 자본주의사회가 되면서 친구나 직장동료의 중요성은 아무리 강조해도 지나치지 않게 되었다. 그러나 문제는 주변에 사람은 많은데 정작 가슴을 열고 대화할 사람, 곧 친구가 없다는 것이다. 특히 조금이라도 사람에 대해 피해의식을 가지고 있는 사람이라면 문제는 더욱 심각하다. 이런 사람들은 나이가 들수록 "세상에 믿을 사람 하나도 없다."는 말을 실감하게 될 때가 많기 때문이다.

하버드대학 공중보건대학의 가와치 이치로 박사는 42~77세의 건강관련 남성 직업인 2만 8,369명을 대상으로 10년간 사고와 사망, 심장병을 연구조사한 결과, 마음을 열고 대화할 친구가 절대적으로 필요하고 또 중요하다는 사실을 강조한다. 미국 유행병학회지(AJE) 2002년 4월 15일자에 발표된 연구보고서에 따르면 연구기간 중 1,365명이 심장병, 암 등으로 사망했는데 비사교적 그룹의 사망률이 사교적 그룹보다 20퍼센트나 높았다. 뿐만 아니라 사교성이 낮은 그룹에 속한 사람은 사교활동이 왕성한 사람에 비해 심장 관련 질병으로 사망할 확률이 53퍼센트 높았고 사고사나 자살도 두 배나 많았다. 재미있는 것은 최소한 1년에 한 번 이상 종교행사에 참여하거나 1주일에 최소 11시간 사회활동에 참여한 사람들의 사망률은 낮았다는 연구 결과다.

사실 나를 충분히 이해하고 내 이야기를 끝까지 경청해주는 친구를 사회에서 만나기란 쉽지 않다. 그러나 분명한 것은 감나무 아래에서 감이 떨어지기만을 기다려서 감을 얻기란 매우 어렵다는 것이다. 원하는 친구가 불쑥 내 앞에 나타나지는 않는다는 말이다. 적어도 가슴을 열고 대화할 만큼 깊은 유대감을 가진 친구를 원한다면, 또 궂은일이든 좋은일이든 마다하지 않고 언제라도 대화할 수 있는 친구를 옆에 두기를 원한다면, 적어도 자신이 먼저 마음의 문을 열고 자기 삶에 대해 진솔하게 얘기할 수 있는 담백한 용기를 가져야 한다. 먼저 자신의 마음 빗장을 여는 노력이 선행되어야 하는 것이다.

어느 시인의 말처럼 살아간다는 것은 누군가와 동행한다는 의미로 받아들일 수 있다. 그런데 이왕이면 동행하는 이들과 마음을 터놓고 항상 그들에 대한 그리움을 안고 그들과 같은 세상에서 호흡하고 있는 것을 기껍게 여기며 산다면 그 삶이 얼마나 기쁘고 아름답겠는가? 비록 생활형편 때문에 이곳저곳 무수히 이사를 다녀도 언제든지 연락하면 반가이 맞아주고 내 목소리를 듣기만 해도 나의 상황을 알아차리고 이해해주는 친구가 있다면 그의 삶은 틀림없이 풍요로울 것이다.

적게는 서른 많게는 마흔을 바라보는 상황에서 언제든지 달려가기만 하면 나를 반겨줄 친구를 갖는다는 것은 너무나 소중한 일임에 틀림없다. 특히 앞서 언급한 가와치 이치로 박사의 연구 결과에 따르면 그런 친구가 있는 사람이 장수한다고 하니 그 필요성은 현실적으로 더욱 크다고 할 수 있다. 장수 또한 하나님의 축복이 아닌가.

"그리하면 그것이 너로 장수하여 많은 해를 누리게 하며 평강을 더하게 하시리라"(잠언 3:2).

그러므로 다시 한 번 점검해보자. 언제나 마음을 열고 대화할 친구가 있는가? 만약 손으로 꼽기에 너무 적다면 나이가 더 들기 전에 노력해보라. 친구를 만들기 위해 노력하고 싶다면 한 가지 참신한 제안을 하고 싶다. 언제 어느 곳에서나 영원하고 진정한 친구가 되어주실 예수님을 만나보라고.

감사와 성실함으로 윗사람을 대하는가

〈태조 왕건〉이라는 대하역사드라마가 인기리에 방영될 당시 어느 헤드헌팅 전문 인터넷 포털 사이트에서 직장인들이 상사로 모시고 싶은 사람을 조사했었다. 그 결과 왕건이 가장 인기 있는 직장상사 일순위에 올랐는데 그 이유는 그가 권력의 정상에 있으면서도 온화하고 합리적인 성향을 보였기 때문이라고 한다.

남녀를 막론하고 직장인이라면 최소한 하루 생활의 절반 이상을 직장과 관련해서 생활하게 된다. 자영업을 하는 30대가 아니라면 이런저런 관계에 의해 상하관계 사이에 놓인(소위 '샌드위치' 상황) 경우가 대부분일 것이다. 이런 상황으로 볼 때 태조 왕건과 같은 캐릭터를 지닌 좋은 윗사람만 있다면 좋겠지만 우리가 놓여 있는 상황은 그리 녹록하지 않다. 주변의 직장인들과 직장생활에 관한 대화를 나누다보면 상사와의 불편한 관계가 자주 거론된다. 열이면 그 중 여덟아홉이 윗사람의 까다로움과 빡빡함, 그리고 그들에게서 받는 스트레스를 호소하는 것을 볼 수 있다.

실제로 어떤 상사를 만나는가에 따라 아랫사람들의 운명이 달라지는 것은 조직생활에선 피할 수 없는 현상이다. 어떤 사람도 자기만큼 완벽하게 일할 만한 사람은 없기 때문에 모든 것을 완벽하게 해내겠다는 사고를 가진 윗사람을 만난다면 어떻게 되겠는가? 이런 상사를 만난 아랫사람들은 일을 하면서도 "된통 걸렸다. 일을 해도 해도 끝이 없고 밑에 있는 사람이 무슨 죄가 있는 것도 아닌데 잘되면 윗사람 몫이고 안 되면 우리 탓이니 도저히 못살겠다. 윗사람이 출장 떠나는 날은 내가 숨 한번 편히 쉬는 날이다. 목구멍이 포도청이니 그만 둘 수도 없고 무조건 밀어붙이는데 눈치보며 억지로 하루하루 버텨나간다."라는 이야기를 할 수 밖에 없는 입장에 놓이게 된다. 정말 어려운 지경에 빠진 것이다.

그렇다면 어떻게 이 난관을 극복해야 할까? 윗사람에게서 받는 스트레스를 극복할 수 있는 정보는 사방에 널려 있다. 그리고 일에 대한 보람과 의욕을 상실한 사람들에게 필요한 정보도 홍수를 이루고 있다. 그런데 왜 계속해서 윗사람과의 관계는 삐걱거리고 직장생활은 어려워지기만 하는 것일까? 문제의 해법은 다른 곳에 있지 않고 바로 나에게 있다. 나에게서 적합한 해결방안을 찾아야 한다. 그리스도인이라는 정체성을 가진 상황에서 그리스도인에게 적합한 해법을 찾아야만 하는 것이다.

일단 윗사람이 나를 힘들게 하고 어렵게 만들 때 어떻게 하는 것이 좋은지 성경이 제시하는 해결책은 베드로전서에 나와 있다.

"사환들아 범사에 두려워함으로 주인들에게 순복하되 선하고 관용하는 자들에게만 아니라 또한 까다로운 자들에게도 그리하라 애매히 고난을 받아도 하나님을 생각함으로 슬픔을 참으면 이는 아름다우나 죄가 있어 매를 맞고 참으면 무슨 칭찬이 있으리요 오직 선을 행함으로 고난을 받고 참으면 이는 하나님 앞에 아름다우니라 이를 위하여 너희가 부르심을 입었으니 그리스도도 너희를 위하여 고난을 받으사 너희에게 본을 끼쳐 그 자취를 따라오게 하려 하셨느니라"(베드로전서 2:18~21).

융통성도 없고 열심히 일해봐야 칭찬과 격려보다는 핀잔만 주는 윗사람 밑에서 일한다는 것은 분명 쉽지 않은 일이다. 그래서 당장 때려치우고 싶은 생각이 드는 때가 하루에도 수십 번 수백 번일 수도 있다. 그러나 베드로는 그런 사람들이라 할지라도 일단 인내하면서 순복하라고 권면하면서 우리가 인내하며 순복해야 할 근거로 예수 그리스도께서 당하신 고난과 연관하여 설득한다. 사실 그리스도의 고난당하심을 우리의 일상과 연관하는 것은 너무나 격에 맞지 않지만 그럼에도 베드로는 십자가와 윗사람에 대한 순복을 연관짓고 있다. 한 마디로 윗사람이 나를 힘들게 하고 곤경에 빠뜨리는 경우에 그리스도의 십자가를 기억하며 그 본을 따라 참으며 순복하라는 것이다.

물론 베드로는 그렇게 했을 때의 결과에 대해서는 구체적으로 언급하지 않는다. 그러나 분명한 것은 그리스도께서 지신 십자가를 기억하고 현실 속의 난관을 인내하며 뚫어내야 한다고 성경이 권고하고 있다는 것이다. 때때로 도저히 견딜 수 없는 상황이 왔을 때 그곳을 떠나는 것도 지혜로운 선택일 수 있다. 그러나 윗사람이 궁극적으로 나 자신을 무능하고 이기적인 사람으로 보지 않도록 평소에도 겸손과 성실함으로 대한다면 아무리 모질고 까다로운 사람이라 할지라도 종래에는 나를 인정할 수밖에 없을 것이다. 문제 있는 윗사람을 모시고 직장생활을 하더라도 내가 꾸준히 매사에 감사하고 성실하게 생활한다면 상황은 얼마든지 바뀔 수 있다. "마음의 즐거움은 양약이라도 근심은 뼈를 마르게 한다"(잠언 17:22)라는 구약성경의 말씀을 기억하며 윗사람에게 스트레스 받지 말자.

관심과 배려로 동료를 대하는가

새로운 세기에 들어와서 자주 나오는 이야기 중 하나가 '튀어야 산다'는 말이다. 전체적인 경향이 그래서인지 몰라도 〈튀어야 산다〉는 제목의 영화가 나왔고, 가게 하나를 하더라도 일단 '이름이 튀어야 산다'는 미명하에 별 희한한 이름들이 난무하는 것을 주변에서 쉽게 볼 수 있다. 인터넷에 올라온 '튀는 이름'을 가진 재미있는 상호들을 몇 가지 열거해본다.

- 위풍 닭닭(양념치킨 집)
- 돈 내고 돈(豚) 먹기(돼지갈비 집)
- 美의 비밀은 화장빨(성균관대학교 근처의 화장품가게)
- 선영아 머리해(강남역 근처의 미용실)
- 부정부페(뷔페식당)
- 동방부페(뷔페식당, 이 가게 안에는 영화 〈동방불패〉 사진이 많이 걸려 있다.)
- 백설탕(목욕탕 이름)

- 라면군, 우동군 그리고 김밥양의 삼각관계(분식집)
- 버르장 머리(미용실)
- 권튼튼(모대학교 체육학과에 재학중인 학생)

이상과 같은 이름 외에도 모대학교 합격자 명단 중 같은 학과에 '신석기'와 '공룡'이라는 이름이 나란히 붙어서 사람들의 실소를 자아냈다고 한다. 사회분위기가 이렇듯 튀는 사람이 주목받는 세태라 그런지 몰라도 한 마디로 어느 공동체에서나 튀는 인물이 각광을 받는 시대가 된 것은 사실이다. 그러다보니 아주 보수적인 직장인들을 제외한 대부분의 사람들은 동료들 사이에서 튀기 위해 몸부림치는 것을 당연하게 생각한다.

어쩌면 20대나 그런 시기지 30대가 되면 조금은 점잖아지고 나름대로 무게를 지키기 때문에 그런 양상은 거의 나타나지 않는다고 말할지도 모른다. 그러나 차라리 드러내놓고 티를 낸다면 감이라도 잡겠지만 가슴속에 품고 있으면서 드러내지 않고 튀기 위해 경쟁하는 것은 어찌 보면 더 무서운 것일 수도 있다.

사람은 누구나 선천적으로 본능을 지니고 있다. 상식적으로 이해한다면 식욕과 성욕이 여기에 해당한다. 그런데 정신의학자들은 사람에게 심리적으로 본능에 가까운 또 다른 욕망이 있다고 한다. 뭔가를 탐색하고 확인을 거쳐 사람들로부터 '인정'을 받으려 한다는 것이다. 어느 시인은 세상에서 가장 고통스러운 것은 타인으로부터 자신이 잊혀지는 것이라고 했다. 누구에게도 인정받지 못하고 소외되어 있다는 것만큼 끔찍한 일은 없을 것이다.

그러나 요즘에는 주위 사람은 아랑곳하지 않고 다른 사람의 따가운시선을 한 몸에 받는 '스타(?)병'에 걸린 사람들이 많다. 특히 다른 사람들과 함께 어울려 일해야 할 경우 이 병에 걸리면 매우 심각한 상황이 전개될 수도 있다. 다른 이들과 함께 일할 때 창조적인 아이디어를 제공하는 것은 정말 중요한 일이다. 그러나 그것을 가지고 자기우월감에 도취되어 다른 사람을 업신여기거나 그들이 일해놓은 결과에 대해서 불만을 표시하고 못미더워한다면 상당한 문제가 야기될 수 있는 것이다.

성경의 복음서를 보면 예수님의 사역의 현장에 함께한 제자들 사이에도 "우리 중에 누가 더 크냐"는 다툼이 일어나는 것을 볼 수 있다. 이때 예수님은 "아무든지 첫째가 되고자 하면 뭇사람의 끝이 되며 뭇사람을 섬기는 자가 되어야 하리라"(마가복음 9:35)는 아주 간명한 대답으로 그들의 다툼을 일축하셨다.

점점 나이가 들면서 승진에 대한 욕심도 생기고, 함께한 사람들에게 인정받고 싶어하는 것은 분명히 자연스러운 일이다. 그러나 함께하는 이들에 대한 배려와 관심 없이, 그들의 가슴에 멍이 들건 말건 상관없이 튀는 세상 속에서 나도 튀어야겠다는 의식을 갖고 사는 것은 결코 그리스도인으로서 가져야 할 자세가 아니다. 사도 바울은 이런 점에서 우리에게 귀한 교훈을 들려준다.

"너희 안에서 행하시는 이는 하나님이시니 자기의 기쁘신 뜻을 위하여 너희로 소원을 두고 행하게 하시나니 모든 일을 원망과 시비가 없이 하라 이는 너희가 흠이 없고 순전하여 어그러지고 거스르는 세대 가운데서 하나님의 흠 없는 자녀로 세상에서 그들 가운데 빛들로 나타내며"(빌립보서 2:13~15).

어그러지고 거스르는 세대 가운데 함께하는 나의 동료들에 대해 관심과 배려를 갖고 튀기는 튀되 거룩하게 튀는 창조적인 자세를 가졌는지 냉철하게 점검해보자. 분명히 나와 함께 일하는 이들은 경쟁자만이 아니다. 그들은 나의 동료들이다. 빙그레 한번 웃어주었을 뿐인데 그들이 내 미소를 보고 한결 기분이 좋아진다면 그보다 더 큰 배려와 관심은 없을 것이다. 한 번이라도 동료를 향해 빙그레 웃어주고 말 한 마디라도 먼저 다정하게 걸어보자.

섬김의 자세로 아랫사람을 대하는가

"욕하면서 닮아간다."라는 말이 있다. 자기와 함께했던 윗사람에 대해서 부정적으로 받아들이고 비판했던 것을 어느새 자기도 모르게 비슷하게 반복하고 있는 모습을 발견하고 소스라치게 놀란 경우가 없지 않을 것이다. 그래서 부정적인 이미지를 가지고 있던 직장상사를 '반면거울'로 삼기로 굳게 다짐했지만 실상은 그와 똑같은 모습으로 변해가는 자신의 모습에 안타까워할 수도 있다. 일반적으로 직장에 다니는 30대라면 조직에서 초급간부를 거쳐 중견간부 쪽으로 슬슬 옮겨가고 있는 상황일 테고, 자영업을 하는 사람이라면 어느 정도 자리를 잡아가는 상황일 수도 있다.

지금보다 나이가 어렸을 때, 소위 신참이었을 때는 제일 힘든 것이 직장상사와의 관계라고 했던 이들이 따지고보면 지금은 아랫사람들에게 제일 힘들고 어려운 사람으로 자리매김하고 있는 경우도 종종 보게 된다. 우리나라에 외환위기 파동이 나고 기업들이 '명퇴'나 '조퇴'를 운운하면서 마구 퇴출을 감행할 수밖에 없을 때 직장인들의 대다수는 엄청난 스트레스에 시달렸다. 우스갯소리지만 어느 직장인은 밥상 위에 조기나 명태 같은 생선이 올라와도 밥을 먹지 않았다고 한다. 그런데 SK증권이 2000년 11월 15일 자사직원 255명에게 스트레스 해소방법에 대한 설문조사를 실시한 결과 "스트레스를 가장 많이 주는 사람은 누구인가?"라는 질문에 1순위가 직장상사라는 응답이 전체응답의 30.6퍼센트로 가장 많았고, 그 다음은 자기 자신 24.3퍼센트, 고객 22.7퍼센트, 동료 7.8퍼센트 순이었다.

요즘에는 직장의 분위기가 많이 달라졌다고는 하지만 역시 윗사람은 명령할 수밖에 없고 아랫사람은 윗사람의 명령을 따를 수밖에 없는 함수관계는 여전히 존재한다. 이런 상황에서 아랫사람이 실수를 하거나 업무의 결과가 나빠서 어쩔 수 없이 윗사람으로부터 책망을 듣는 것은 충분히 이해가 간다. 그러나 대다수의 직장인들이 상사들에 대해서 불만을 토로하는 것을 들어보면 징계와 책망을 듣는 과정에서 비인격적인 대우를 당한다는 것이다. 특별히 내가 윗사람이기 때문에 부하직원에 대해서 좌지우지할 수 있다는 식으로 이야기하면 당장이라도 그만두고 싶은 생각이 든다고 한다. 이런 점에서 그리스도인으로서 우리가 윗사람인 경우에 반드시 기억해야 할 성경말씀이 있다.

"상전들아 너희도 저희에게 이와 같이 하고 공갈을 그치라 이는 저희와 너희의 상전이 하늘에 계시고 그에게는 외모로 사람을 취하는 일이 없는 줄 너희가 앎이니라"(에베소서 6:9).

이 말씀을 통해서 반드시 인식해야 할 것은 모든 권위는 하나님께로부터 위임받은 것일 뿐 마음대로 휘두르라고 주어진 것이 결코 아니라는 사실이다. 그러므로 만약 자신이 조금이라도 명령해야 할 위치에 있다면 궁극적인 윗자리에 하나님께서 계심을 항상 인식해야 한다.

옛날부터 어느 조직에 있든 윗사람의 입장에 있는 사람은 끊임없이 두 가지 중 하나를 선택해야 하는 요청을 받았다. 곧 '사람이 좋고 무능하든지' 아니면 '사람이 좀 독해도 능력이 있든지' 둘 중 하나를 택해야 하는 것이다. 물론 일이 수월하게 돌아가게 하려면 당연히 후자를 택해야 한다. 그러나 생각해보면 좋은 사람이 되는 것과 능력 있는 사람이 되는 것은 결코 극단적으로 대립되는 것은 아니다.

예수님은 "그러므로 무엇이든지 남에게 대접을 받고자 하는 대로 너희도 남을 대접하라 이것이 율법이요 선지자니라"는 황금률을 마태복음 7장 12절에서 말씀하고 계신다. 이미 내가 속한 조직에서 그리스도인으로 인식되고 있기 때문에 해서는 안 될 말이 있고, 때로는 그것 때문에 일을 그르치는 것처럼 보일 수도 있다. 그러나 정말 다른 사람이 내게 해주기를 원하는 만큼 내가 아랫사람을 신뢰해주고 대접해준다면 어떻게 될까? 당장 무슨 결과가 나타나지 않을 수도 있지만 아랫사람이 나를 믿어주기를 원하는 만큼 윗사람으로서 그를 믿어주고 일을 맡긴다면 틀림없이 그 결과는 낙관해도 좋을 것이다.

지난 1995년 12월 8일 광고대행사인 코래드가 당시 4백여 명의 전 임직원에게 가장 좋은 상사와 부하에 대해 설문조사한 결과는 이 같은 사실을 뒷받침해준다. 부하직원들이 가장 존경하는 윗사람은 강한 추진력과 넓은 포용력을 갖춘 상사(32퍼센트)가 가장 많았고, 아랫사람을 배려하면서 팀워크를 도모하는 상사(13퍼센트)가 그 다음으로 꼽혔다. 또 문제가 발생했을 때 책임지고 처리하는 상사(12퍼센트), 같이 일하는 상사

(10퍼센트), 매일 점심 사주는 상사(7퍼센트) 등이 인기 있는 상사로 꼽혔다. 반면에 가장 싫어하는 유형의 상사는 권위주의적인 상사(24퍼센트), 문제가 생기면 발뺌하는 상사(19퍼센트), 일을 시키기만 하는 상사(15퍼센트), 공사를 구별하지 못하는 상사(10퍼센트), 말 많은 상사(7퍼센트) 등의 순서로 나타났다.

각 회사마다 이미 나름대로 이미지 메이킹이 되어 있는 상황이기 때문에 일순간에 분위기를 바꾸는 일이 쉽지는 않을 것이다. 그러나 아랫사람에게 계속해서 포용력도 없고 권위만 부리는 윗사람으로 인식된다면 앞으로 직장생활하기가 더욱 힘들어질 것이다.

피스메이커인가 트러블메이커인가

   어느 신문의 칼럼니스트는 영원히 풀 수 없는 난마와 같이 얽힌 관계 중 하나가 바로 시어머니와 며느리의 관계라고 한다. 그러나 풀 수 없을 것 같은 관계가 어디 고부간뿐이겠는가? 자신의 입장만 주장하는 부모와 자녀, 등을 돌려버린 남편과 아내, 서로를 이해하지 못하는 형제와 자매, 고용주와 노동자, 상사와 부하직원, 그리고 영남과 호남, 이것을 절묘하게 이용하는 여당과 야당의 정치인들, 남과 북, 이스라엘과 팔레스타인, 증오로 일어나는 세계의 전쟁 등 우리 개인이 속한 가정과 공동체, 나아가서는 전 세계가 갈등에 휩싸여 있다고 해도 과언이 아닐 것이다. 말 그대로 삶 자체가 갈등 덩어리라고 해도 무방할 것이다.

   그런데 더 큰 문제는 갈등이 있다는 사실이 아니라 갈등을 피해버리거나 갈등에 대해 공격적으로 반응하여 종종 문제를 더 악화시키는 것이다. 거창하게 생각할 필요 없이 통상적으로 남의 일에 참견하기 좋아하고, 입바른 말 잘하고, 뒤에서 수군거리기를 좋아하는 이들을 가리켜

'트러블메이커'라고 한다. 사실 어느 공동체나 이런 사람들은 존재하게 마련이다. 그러나 문제는 이런 사람들의 악취미가 재미로 끝나면 좋겠지만 그렇지 않고 결국에는 공동체 전체를 와해시킬 정도로 파급효과를 미치는 경우가 다반사라는 것이다.

사도 바울은 "할 수 있거든 너희로서는 모든 사람으로 더불어 화평하라"(로마서 12:18)고 권면한다. 한 마디로 '화해자(peacemaker)'가 되라는 것이다. 사실 악을 행하거나 갈등을 일으킨 사람들과 더불어 사랑을 이야기하고 화평을 도모한다는 것은 쉽지 않다. 직장에서 불공평한 대우를 받거나 내 자녀가 다른 아이에게 두들겨 맞고 들어오면, 아무리 "화평하라"는 말씀을 머릿속에 깊이 새겨두었다 해도 그 순간 화가 치밀어 오르지 않는 사람은 아무도 없을 것이다. 어떤 경우에는 복수를 결심하여 전략을 세우고 결행에 옮기는 등 어쩔 수 없이 연약한 인간의 모습을 보이기도 한다.

그러나 삶 속에서 화평케 하는 자에게 주어지는 것은 분명히 복이라고 성경은 말한다. 구약성경에서 믿음의 가문을 일으킨 사람들 중 이삭의 삶은 그 사실을 여실히 증명해준다. 창세기 26장에서 이삭은 블레셋 사람들과 그랄 사람들이 소유권을 주장할 때 자기 권리를 주장하거나 다투지 않고 두말없이 물러난다. 우리 시각으로 보면 정말 바보 같은 행동으로 보이지만 이삭의 이런 행동이 바로 하나님께서 복을 주시는 근거가 된다.

세상은 우리에게 독해져야만 냉정한 경쟁사회에서 살아남을 수 있다고 하지만 굳이 사회가 강조하지 않아도 우리는 살아가면서 보통 독해야 하는 것이 아니라 지독해야 잘 살 수 있다는 것을 자연스럽게 체득하게 된다. 그러다보니 눈앞에서 조금이라도 손해를 입고 피해를 보게 되면 도저히 참지를 못한다. 그러나 또다시 우리는 "화평케 하는 자는 복이 있나니 저희가 하나님의 아들이라 일컬음을 받을 것"(마태복음 5:9)이라는 예수님의 말씀을 깊이 묵상하고 점검해야 한다. 세상은 살벌하게 눈을 부릅뜨고 이간질이라도 해야 잘 살 수 있다고 하지만 예수님께서 하나님과 우리의 관계를, 또 이 땅에서 우리와 함께하는 이들의 관계를 화평케 하시기 위해 십자가를 지셨음을 기억하자.

한때 우리 사회에 관용을 뜻하는 '똘레랑스'라는 불어가 유행했던 적이 있다. 이 단어는 견디다, 참다를 뜻하는 라틴어 톨레라레(tolerare)에서 나온 불어다. 영어로는 'tolerance'로 관용, 아량, 인내를 뜻한다. 어쩌면 우리 가정이나 내가 속한 공동체에서 나에게 가장 부족한 성품 중의 하나가 이 단어의 뜻인지도 모른다. 견디지 못하고 울컥 치밀어오르는 것을 누르지 못하기 때문에, 순간적으로 머릿속에 들어온 나쁜 생각들을 이기지 못하기 때문에 공동체 자체가 풍비박산되고마는 것은 아닌지…….

이런 의미에서 트러블메이커가 아니라 피스메이커가 되기 위해 좀더 참아내자. 좀더 바보가 되자는 결심을 다시 한 번 해보자.

17 믿음의 동역자가 있는가

　직장인 열 명 가운데 일곱 명 가량이 직장에서 해고될까봐 불안에 떤다는 신문기사를 본 적이 있다. 이런 상황을 뒷받침해주기라고 하듯 2002년 4월에 통계청이 발표한 2000년 인구주택총조사에 의하면 직장인들 가운데 현 직업에 근무한 연수가 고작 1년에서 3년 정도라는 직장인들이 가장 많았다. 과거에는 평생직장이라는 개념도 있었고 한 번 택한 직장에 뼈를 묻을 각오로 일하겠다는 사람도 주변에서 심심치 않게 볼 수 있었는데 이제는 상황이 바뀌어도 너무 바뀌었다. 그러다보니 진지하게 이야기를 주고받을 직장동료 하나 없는 것이 오늘의 현실이다.

　특별히 신앙생활 때문에 회식자리, 단합대회 등에 잘 어울리지 못하는 그리스도인이라면 더욱 따돌림당하기 십상이다. 게다가 부정직이 관행화된 곳에서 신앙양심 때문에 갈등하는 상황에 처해 있다면 더욱 어렵게 직장생활을 할 수밖에 없다. 뿐만 아니라 신우회는 고사하고 우리나라 전체 인구 중에 그리스도인이 25퍼센트나 된다는데 도대체 내가 일하는 부서(직장)에는 눈을 씻고 찾아봐도 예수 믿는 사람이 없다는 결론에 이르게 되면 참으로 난감하기 짝이 없다.

그러나 낙심하며 주저앉아 있어서는 곤란하다. 물론 믿는 사람이 많은 직장이나 믿음의 기업이라고 정평이 나 있는 직장에 들어가서 일을 한다면 금상첨화겠지만 우리의 직장은 대부분 그렇지 못하다. 그러므로 각자 상황에 맞는 대안이 있어야 한다.

분명한 사실은 사람들은 누군가 자신에게 관심을 기울여주는 사람을 좋아한다는 것이다. 누군가로 하여금 진정으로 자신에게 관심을 가져주는 사람이 있다는 사실을 알게 하자. 함께 일하는 사람들 가운데 상사이건, 동료이건, 아랫사람이건 개인적인 고민과 가정 형편에 대해서 혹은 건강 상태 등에 대해서 관심을 가져보자. 물론 관심과 사생활 침해는 구분되어야 한다는 것쯤은 전제해야 한다.

전도사역을 전문으로 하는 어느 목회자가 이런 이야기를 들려주었다. 그리스도인들은 믿지 않는 사람들을 만날 때 세 단계를 거친다고 한다. 처음 만날 때는 대부분 상대방에게 기가 죽는다고 한다. 그 이유는 상대방의 배경이나 학력, 재산 등 나보다 조금이라도 좋아 보이는 외부적인 요소에 위축되기 때문이라고 한다. 그 다음 두 번째 만나면 무엇인가 이상한 느낌을 받는데 그 이유는 겉으로는 별다른 점을 찾지 못하지만 왠지 한구석이 비어 있는 듯한 느낌을 받기 때문이라고 한다. 그리고 세 번째 만나면 "아! 이 사람에게도 예수님이 필요하구나." 하고 무릎을 치게 된다고 한다.

사실 신실하다고 일컬어지는 30대 그리스도인들 가운데는 주일 하루가 모자랄 만큼 온종일 교회에서 열심히 봉사하며 섬기는 사람들도 많고,

가까스로 예배를 드릴지언정 예배만큼은 빠지지 않는 이들도 많다. 그런데 문제는 주일에는 열정적인데 자신이 몸담고 있는 직장 안에서는 믿음의 이야기를 나눌 수 있는 믿음의 동역자가 한 사람도 없다는 것이다.

한번 생각해보라. 당연히 대부분의 직장인들이 직장에서 더 많은 시간을 보내는데 그리스도인의 영향력을 발휘하기는커녕 믿음의 나눔조차 일주일 내내 갖지 못한다는 것은 분명 영적인 장애로 생각할 수밖에 없다. 그러므로 나와 함께 신앙의 정담을 나눌 수 있는 사람들, 곧 믿음의 동역자를 만나기 위해서 노력하는 일은 반드시 필요하다.

어쩌면 기도할 때마다 어떤 간구보다도 더 간절하게 믿음의 동역자를 만나게 해달라는 기도를 해야 할지도 모른다. 전 직원의 명단을 적어놓고 한 사람씩 이름을 불러가며 기도하고 관심을 갖고 대해보자. 그럴 때 일주일 중 하루만 주일이요 교회를 위해 봉사의 날로 잡혀 있었던 것이 날마다 주일이 될 수 있을 것이다.

사실 신앙과 직장 일이라는 두 마리 토끼를 다 잡는다는 것이 나이를 먹어가면서 점점 부담으로 와 닿을지도 모른다. 그러나 단 한 사람이라도 믿음의 동역자가 항상 내 공간에 함께 있다면, 그리고 그와 더불어 하나님에 대해 나눌 수 있다면, 그곳은 전에는 결코 경험하지 못했지만 은혜를 주고받는 새로운 공간으로 탈바꿈하게 될 것이다.

문제는 믿음의 동역자들은 결코 쉽게 얻어지지 않는다는 점이다. 그렇지만 믿음의 동역자를 얻기 위해 끊임없이 기도하고, 가능성 있는 사람들에게 관심을 보이며, 스스로 항상 구별된 그리스도인의 삶을 보여주기 위해 깨어 있는 삶을 산다면 상황은 분명히 달라질 것이다. 가정보다 더 많은 시간을 보낼 수밖에 없는 직장에서 과연 믿음의 동역자를 가지고 있는지 다시 한 번 점검해보자.

"오직 사랑 안에서 참된 것을 하여 범사에 그에게까지 자랄지라 그는 머리니 곧 그리스도라 그에게서 온 몸이 각 마디를 통하여 도움을 입음으로 연락하고 상합하여 각 지체의 분량대로 역사하여 그 몸을 자라게 하며 사랑 안에서 스스로 세우느니라"(에베소서 4:15~16).

삶의 영역에서

나름대로 최선을 다해왔다고 자부하지만 손에 쥐어진 것이 없고 남은 것이
하나도 없는 상황은 우리를 절망하게 만든다. 그러나 분명한 것은 인생의 하프타임은
나를 돌아보게 하고 나의 인생을 점검하는 소중한 기회가 된다는 사실이다.

직업에 대해 감사하고 만족하는가 18

"평양감사도 저 하기 싫으면 그만이다."라는 옛말이 있다. 하고 싶은 일을 하면서 사는 사람만큼 행복한 사람은 아마 없을 것이다.

어느 인터넷 취업 포털사이트에서 직장인들을 대상으로 "학창시절 희망직업과 현재의 직업이 일치하는가"라는 설문조사를 실시한 결과에 따르면 전체 응답자의 77퍼센트가 '전혀 다른 일을 하고 있다.'고 밝혔고, '비슷한 업무를 하고 있다.'는 직장인은 전체 응답자의 18퍼센트였으며, '학창시절 꿈꾸어왔던 일을 하고 있다.'는 직장인은 5퍼센트에 불과했다. 거의 네 명 중 세 명이 학창시절 자신이 꿈꿨던 직업과 전혀 다른 일을 하고 있는 셈이다. 아마도 이런 현상이 나타난 것은 점점 심해지는 구직난 때문에 일단 아무 곳이든 들어가고 보자는 심리가 크게 작용했기 때문일 것이다.

알레르기 때문에 이비인후과에 오랫동안 다니면서 이비인후과 의사들은 참 따분하겠다고 생각했던 적이 있다. 하루 종일 비슷비슷한 질병을 가진 환자 수십, 수백 명의 입속과 콧속, 귓속을 들여다보면서 보낼 것을 생각해보니 참 고역이겠구나 하고 평면적으로 이해했었다. 반복되는 일상사만큼 사람들을 나른하게 만드는 것은 없을 것이다. 직장에 첫 출근했을 때 느꼈던 설렘은 이미 없어진 지 오래고 의욕을 느끼지 못한 채 권태로움 속에서 일하는 것만큼 고역스러운 일도 없을 것이다.

성경 지혜서 중의 하나인 전도서 3장 22절은 "그러므로 내 소견에는 사람이 자기 일에 즐거워하는 것보다 나은 것이 없다"고 말한다. 현재 자신의 직업과 일에 대해서 보람을 느끼고 감사하는 것만큼 좋은 일은 없다는 말이다. 그러나 현실을 보면 대부분의 사람들이 직업과 일에 대해서 만족하지 않는다는 사실을 쉽게 발견할 수 있다. 그리고 재미있는 것은 많은 사람이 선망의 대상으로 여기는 직종을 가진 이들조차도 그렇다는 사실이다. 실제로도 신문, 방송, 통신 등 언론계 종사자 중 절반 가까이가 타직종으로 이직을 고려하고 있다는 전국언론노동조합의 조사결과가 나와 흥미를 끈다.

《부자 아빠 가난한 아빠》라는 책이 베스트셀러가 되고, "여러분, 부자 되세요!"라는 광고 카피가 폭발적인 인기를 끌면서 많은 사람이 덕담으로 건넸던 때가 있었다. 그런데 다른 사람들에게 "부자 되세요!"라는 인사를 건네지만 실상은 '나는 부자가 되고 싶어.'라는 기대가 마음속에 가득 차 있다고 해도 과언이 아닐 것이다. 그렇다면 어떤 사람이 진정한 부자일까? 한 마디로 '하고 싶은 일을 하면서 사는 사람'이 진정한 부자라고 할 수 있다.

《펄떡이는 물고기처럼》이라는 책을 보면 생선 장수들이 아주 신나게 일하는 장면이 묘사되어 있다. 비린내 나는 곳에서 육체적으로 고단한 일을 하지만 자신에게 주어진 일을 즐겁게 감당하는 그들은 진정한 의미에서 부자다. 그들에게는 어떤 일이 주어지더라도 그 일은 나의 일이며 내가 즐겁게 이루어내야 할 귀한 일인 것이다. 타인의 시각에서는 별볼일 없는 하찮은 일이고 짜증나는 일일지 모르지만 감사한 마음으로 나에게 주어진 일을 감당한다면 상황은 얼마든지 달라질 수 있다.

이런 점에서 "사람이 자기 일에 즐거워하는 것보다 나은 것이 없나니"라는 전도서 3장 22절의 말씀을 다시 한 번 상기할 필요가 있다. 만일 일이 재미없게 느껴지면 재미있게 만들어야 한다. 도저히 그렇게 할 수 없다면 지금 일하는 곳에서 적당한 때에 이직을 하는 것도 고려해볼 만한 일이다. 그러나 기왕에 일을 한다면 재미있고 신나게 일하는 것이 중요하다.

인터넷의 어느 채용전문 스카우트가 취직한 지 1년 미만의 신입사원들에게 "회사가 마음에 들지 않으면 어떻게 하겠는가?"라고 물어보았다. 응답한 신입사원 열 명 중 네 명은 회사가 마음에 들지 않을 경우 옮겨갈 곳도 정하지 않은 채 무작정 회사를 그만둘 생각이라고 대답했다. 입사한 지 1년도 안 된 신입사원과는 비교할 수 없겠지만 30대가 되어서도 "아휴, 빨리 그만둬야지."라는 말을 입에 달고 다니는 사람이라면 분명 제대로 된 사람은 아닐 것이다. 지금이라도 늦지 않았다. 만약 정말로 하고 싶지 않은 일을 하고 있다면 떠나라! 그러나 그렇지 않다면 감사한 마음으로 자신에게 주어진 일감을 즐기자.

19 핵심역량을 가진 전문가인가

　기업을 책임지고 있는 사람들에게 "당신과 더불어 일하는 직원들의 제일 중요한 자질은 무엇인가?"라고 물으면 아마도 '자기 분야의 전문가이거나 전문가가 되기 위해 끊임없이 노력하는 사람'이라고 대답하는 이들이 많을 것이다. 상황이 이렇다보니 주로 40대에게서 많이 나타나는 경우이긴 해도 시대의 조류를 따라가자니 버겁고, 망연자실하고 있자니 시대에 뒤떨어질 것 같은 위기감을 느끼는 30대들을 주변에서 많이 볼 수 있다. 굳이 원하는 것이 아님에도 불구하고 많은 것을 단지 시대감각에 뒤지지 않기 위해 따라가야만 한다는 중압감을 느끼고, 동시에 과감히 무시하며 부정하는 논리를 펼칠 수 있는 스스로의 목소리도 아직 갖지 못한 세대가 바로 30대, 그 중에서도 주로 30대 후반이라고 할 수 있을 것이다. 이것은 이른바 무서운 20대와 무거운 40대들 사이에 낀 30대들이 당면하고 있는 현실이다.

　이런 상황에서 학창시절에 배웠던 '일신우일신(日新又日新)'이라는 경구를 머릿속에 떠올리며 발버둥쳐보지만 변화의 속도를 따라잡기는 정말 어렵다. 소위 디지털시대라 이름하는 21세기가 되면서 상황은 더욱 30대들을 곤혹스럽게 만들고 있다.

일례로 지난 1969년 미국의 국방성에서 군사목적으로 시작한 인터넷이 전 세계로 확산되면서 어느 대학원은 한 장소에 모여서 입학식을 치르는 종래의 방법을 택하지 않고, 인터넷으로 입학식을 거행했다는 놀라운 변화의 양상을 보여주기도 했다. 21세기에 진입하기 직전인 1999년에 우리나라 정보통신부는 인터넷이 보편화하면서 가져다줄 다섯 가지 구체적인 변화를 제시하고 이러한 변화를 제대로 받아들이면 번영하지만 제때 수용하지 못하면 소멸할 수밖에 없다고 강조했는데, 그로부터 몇 년이 지난 지금 정보통신부의 예측이 과연 들어맞았는지 한 번 살펴보자.

우선 정보통신부가 제시한 다섯 가지 변화 중 첫 번째는 공간개념의 변화다. 인터넷이라는 사이버공간의 백화점에는 지구상의 모든 상품을 진열할 수 있고 안방에서도 쇼핑이 가능해 종전의 공간개념이 점차 사라지게 된 것은 사실이다.

두 번째는 시간개념의 변화다. 그동안 산업사회에서는 직장에 출근해 일정한 시간 동안 일하는 근무시간 개념이 중요했지만 사이버시대에는 하루 24시간이 근무시간이 되기 때문에 '시간개념'이 근본적으로 달라진다는 것이다. 실제로 재택근무가 늘어난 것을 볼 때 이 예측 역시 들어맞은 셈이다.

세 번째는 인간관계의 변화다. 사람들이 직접 만나 인간미를 나누던 대면관계의 상황이 화상으로 만나거나 이메일 또는 매스미디어를 통해 한꺼번에 자신의 생각을 나누는 시스템으로 변화하면서 통신대면으로 바뀐 것이다.

　네 번째는 속도 개념의 변화다. 인터넷을 할 때마다 늘 경험하는 것이지만 빛보다 빠른 속도로 의사전달을 명확하게 하고 엄청난 분량의 자료를 전달하는 것을 통해서 이것 역시 제대로 들어맞았음을 쉽게 확인할 수 있다.

　그리고 마지막으로 모든 소리와 글자, 영상 등 정보가 디지털화한다는 것인데 이것 역시 디지털방송이 실시되는 현실을 볼 때 사실로 인정할 수밖에 없다.

　결국 이제는 컴퓨터 아니 인터넷을 따라잡지 못하면 경쟁력 없는 사람으로 낙인찍힐 수밖에 없는 현실이 되고 말았다. 그런데 지금 우리 시대의 변화가 인터넷 분야만이겠는가? 구석구석 변화의 속도가 너무 빨라 현기증이 날 지경이 되고 만 것이 지금 우리가 당면한 현실이다.

　그렇다면 어떻게 해야 할까? 무엇보다 자기 분야의 전문가가 되는 것이 중요하다. 다르게 표현한다면 자신만의 고유한 핵심역량을 키우고 극대화해야 한다. 1분에 수백 타를 칠 수 있는 숙련된 20대들을 독수리 타법의 30대가(물론 모든 30대가 그런 것은 아니다) 따라잡기란 불가능하다. 그러나 비교우위론적으로 따졌을 때 비록 타자 실력은 뒤지더라도 사태를 통찰력 있게 파악하고 새로운 상황들을 예측하면서 사람들과 원만한 관계를 형성하며 기획력 있게 움직이는 능력을 갖고 있다면 그것은 30대만의 핵심역량이 될 수 있다.

　여기에 연년세세 나이를 먹어가면서 삶의 현장에서 그 상황을 주관하시는 하나님을 체험한 것을 바탕으로 신앙의 경쟁력까지 갖춘다면 그 사람은 자신만의 핵심역량을 극대화한 프로라고 일컬어질 수 있다. 꾸준히 자신의 재능을 개발하기 위해 시간을 선용하기만 한다면 결코 전문가가 되지 못할 이유가 없다.

　상황과 시대는 언제나 복잡하게 다변화할 수 있지만 한 개인이 변화하는 것을 모두 따라잡을 수는 없다는 것이 역사가 주는 교훈이다. 그러므로 너무 크고 복잡한 변화에 겁을 먹고 망연자실하게 바라보는 아마추어로 있느냐, 아니면 온 우주를 붙들고 계시는 하나님을 신뢰하며 자신의 핵심역량을 극대화하여 전문가가 되느냐가 관건이다. 이런 점에서 다시 한 번 자신만이 가졌기 때문에 주변 사람들이 그것에 도움을 받고, 또 기댈 수밖에 없는 핵심역량을 가진 전문가인지 스스로 점검해보자.

20 늘 새로운 삶인가

"중심에 회상한즉 오히려 소망이 있사옴은 여호와의 자비와 긍휼이 무궁하시므로 우리가 진멸되지 아니함이니이다 이것이 아침마다 새로우니 주의 성실이 크도소이다 내 심령에 이르기를 여호와는 나의 기업이시니 그러므로 내가 저를 바라리라 하도다 무릇 기다리는 자에게나 구하는 영혼에게 여호와께서 선을 베푸시는도다"(예레미야애가 3:21~25).

유다와 예루살렘이 바벨론 임금 느부갓네살에 의해 철저히 파괴된 이후 그 슬픔을 노래한 것이 구약성경의 예레미야애가다. 여기서 흥미로운 것은 예레미야가 처절한 파괴의 현장에 서 있으면서도 하나님의 자비 베푸심과 크신 성실을 아침마다 '새롭게' 느끼고 있다고 기록한 내용이다.

취직을 하고 결혼을 하고 아이들을 낳고, 소위 남들과 비슷한 길을 걸어가다가 문득 다람쥐 쳇바퀴 돌듯 매일 반복되는 일상에서 점점 황폐해가는 자신의 모습을 발견하고 일탈을 한두 번 꿈꾸어보는 때가 바로 30대라고 할 수 있다. 특히 빽빽하게 솟아 있는 빌딩숲에서 생활하는 이라면 손톱만한 녹지가 보여도 "아, 숨통이 트인다."라는 말을 쉽게 내뱉을지도 모른다. 매일 아침 똑같은 교통편을 이용해서 똑같은 작업환경에 들어가 똑같은 일을 반복한다면 누구나 '내 삶이 참 지루한 삶이구나.' 하고 느낄 것이다. 그래서 여행상품을 선전하는 광고들은 이런 사람들의 심리를 이용해서 무조건 떠나라고 권고하기도 한다.

영화 중에도 일상탈출을 강조하는 영화들이 유난히 많은 인기를 끌었다. 우리나라 샐러리맨들에게 큰 인기를 끌었던 영화 〈반칙왕〉은 샐러리맨들의 일상탈출에 대한 기대를 아주 잘 보여준다. 이 영화는 위에서 찍어누르는 직장 상사의 폭압적인 태도에 스트레스를 받아가며 하루하루 근무하는 어떤 은행원이 레슬링이라는 탈출구를 통해서 일상의 나른함을 떨쳐버린다는 내용이다. '새로움'이라는 단어가 어느새 사라져버린 삭막한 현실 속에 내동댕이쳐졌다는 생각에 짓눌려 있던 샐러리맨들에게는 대리만족이긴 하지만 일상을 벗어버릴 수 있는 카타르시스를 맛보게 해주었다.

사실 반복되는 업무와 일과는 사람을 지치게 하고 짜증나게 한다. 매일 일은 하지만 무엇을 위해서 하는지 방향감능도 안 되고, 그 누구도 나의 수고를 알아주지 않는 데에 생각이 미치면 가히 허무한 지경에까지 이를 때도 있다. 성경 전도서의 표현대로 "헛되고 헛되며 헛되고 헛되니 모든 것이 헛되도다"(전도서 1:2)라는 말을 입에 달고 살 수도 있다.

그러나 현실 때문에 모든 것을 던져버리고 산 속이나 외딴 섬으로 갑

자기 들어갈 수도 없는 것이 또한 우리네 심정이고 상황이다. 한 마디로 해 아래에서 일어나는 일을 한꺼번에 내가 마음먹은 대로 바꿀 수는 없는 것이다. 누구나 자유인으로 살고 싶지만 모든 일을 내려놓고 그렇게 살 수는 없는 것이 '30대 생활인'으로서의 우리 모습이다.

그렇다면 어떻게 해야 할까? 무엇보다 생각을 고쳐먹는 것이 중요하다. 힘들게 일하고 있는데 누군가 복권에 당첨되어 단번에 수십억 원을 벌었다느니, 슬롯머신 앞에 앉아서 한 번 당겼는데 수억 원이 쏟아졌다느니 하는 이야기를 들으면 의기소침해진다. 그럴 때마다 희망 없는 듯한 자신의 인생을 탓하면서 모든 것을 내팽개치고 새 길을 모색하고싶은 생각이 들 수도 있다.

그러나 곰곰이 생각해보라. 한꺼번에 수십억 원, 수백억 원을 버는 것은 굳이 통계를 들먹이지 않더라도 비범한 상황임에 틀림없다. 이 말은 주어진 상황에 수동적으로 대처하라는 의미는 결코 아니다. 지금 우리를 나태하게 만드는 상황은 여기저기 펼쳐져 있을 수 있다. 그러므로 우리에게 주어진 상황과 일을 어떤 시각으로 보느냐가 중요하다는 말이다. 만약 사랑하는 사람이 나를 지켜보고 있다고 생각해보자. 더군다나 우리에게 믿음이 있다면 나를 지으시고 나의 인생을 책임지시는 하나님께서 불꽃같은 눈으로 나를 지켜보고 계심을 인식해보자. 곧바로 일을 대하는 자세가 달라질 것이다.

학창시절에 축구경기나 다른 시합을 해본 경험이 있을 것이다. 짝사랑하는 여학생이 경기를 지켜보는 날이면 어떤 각오로 뛰었는지 기억이 새롭지 않은가? 젖먹던 힘까지 다해서 죽기 살기로 뛰었던 기억을 떠올려보자. 사랑하는 아내와 남편이, 나의 자녀들이, 무엇보다 살아 계신 하나님께서 나를 지켜보시고 주시하신다. 그러니 반복적인 일상의 일이라 해도 어찌 즐겁지 않겠는가?

이런 점에서 돌무더기밖에 남지 않은 자기 조국을 바라보면서도 아침마다 여호와의 자비와 긍휼이 무궁하심을 알기에 "아침마다 새롭다."는 고백을 드린 예레미야가 그렇게 귀한 본보기로 느껴질 수가 없다.

21 삶의 우선순위는 무엇인가

우리는 급속도로 변화하는 세상에 살고 있다. 사이버 문화의 급속한 변화는 컴퓨터 통신 자체만으로도 인간의 생존을 가능케 함으로써 가장 기본적인 인간의 환경이라고 할 수 있는 주거 형태의 변화 가능성을 충분히 보여주고 있다. 과거에 오프라인(off-line)으로 진행되던 모든 논의구조가 사이버 공간에서 과거와는 다른 논의구조와 여론구조를 형성함으로써 새로운 문화를 만들고 있는 것이다. 수없이 열거할 수 있는 변화의 소용돌이는 조금만 관심을 기울이고 주변을 돌아보면 쉽게 확인할 수 있다. 그러므로 이렇게 빠른 변화에 적응하기 위해서 의식의 대전환(paradigm shift)이 필요하다는 것은 이제 더 이상 강조해도 지나치지 않는다.

그래서 국가를 비롯한 각종 단체마다 미래정책연구소, 새천년준비위원회, 21세기준비위원회와 같은 기구를 만들고 나름대로 이에 필요한 준비들을 하느라 부산하게 움직이고 있다. 이런 와중에 사람들의 마음은 더욱 분주해졌고, 너나 없이 가만 있으면 안 되는 상황으로 내몰려 가고 있는 실정이다. 그런데 문제는 모두 바쁘게 움직이고 어딘가를 향해 분주한 걸음을 옮기고는 있는데 과연 그것이 중요한 일인가에 대한 물음 앞에는 모두 자신이 없는 듯하다는 것이다.

이미 추진하고 있거나 추진하려는 일들을 정리하면 크게 네 가지로 구분할 수 있다.

첫째, 긴급하고도 중요한 일이다. 이런 일은 생명을 걸고서라도 진행하고 완수해야만 할 절대성을 가진다.

둘째, 긴급하지만 중요하지는 않은 일이다. 대체로 이런 일들은 추진하는 사람들의 힘을 소진시키는 경향이 있고, 일을 완수한 뒤에도 사역한 사람으로서 크게 보람을 느끼지 못하는 경우가 많다.

셋째, 긴급하지는 않지만 중요한 일이다. 이런 일은 대체로 중장기 주요 정책인 경우가 많다. 그러나 대부분의 경우 이런 일들에 대해서 마음의 부담은 가지고 있지만 놓치는 경우가 많고, 정작 중요한 시점에 폭발적인 에너지를 가지고 무엇인가를 내놓아야 할 때 이런 일들을 간과하고 있었을 경우에는 커다란 낭패감을 맛보기 십상이다.

넷째, 긴급하지도 않고 중요하지도 않은 일이다. 이런 일들이야 하지 않으면 된다고 쉽게 생각할 수도 있지만 사실 주변을 둘러보면 때로는 정에 이끌려서 마지못해 하고 있든지 아니면 어쩔 수 없는 상황 때문에 하는 경우도 많다. 그러다보면 정작 해야 할 일을 놓치게 되는 경우가 많이 발생할 수 있다.

할 수만 있다면 긴급하고 중요한 일을 선택해서 그 일에 집중하는 것이 이상적이겠지만 대부분의 사람들이 현실적으로 그렇게 하지 못하고 있다. 그러나 세상 기관과 사람들이 엉뚱한 일에 분주하고 휘둘린다고 할지라도 영적인 안목을 가진 그리스도인들은 달라야 한다. 사람들이 맘몬주의에 빠져서 더 많은 물질을 얻기 위해 혈안이 된다 해도 그것이 영적인 안목에서 긴급하고 중요한 일이 아니라고 판단되면 차선으로 밀어놓아야 한다. 세상 사람들이 권력을 얻기 위해 같은 양상을 보인다고 해도 하나님께서 주신 시각으로 판단할 때 긴급하지도 않고 중요하지도 않은 일이라면 가차 없이 삶의 우선순위에서 밀쳐놓아야 하는 것이다.

신약성경 복음서에는 예수님께서 신앙인들이 가져야 할 우선순위에 대한 자세를 비유적으로 말씀하신 부분들이 나온다. 그 중 한 가지가 잔치를 배설한 어느 사람에 관한 비유인데 다음과 같은 내용이다. 어떤 사람이 큰 잔치를 배설하고 많은 사람을 초청한다. 그러나 잔치가 시작될 시간에 초청한 사람들이 모두 이유를 대며 초청을 거절한다. 어떤 사람은 밭을 샀기 때문에 불가불 나가봐야 한다고 하고, 어떤 사람은 소를 사서 시험하러 간다고 하며, 어떤 사람은 장가를 갔기 때문에 초청에 응하지 못하겠다고 한다.(누가복음 14:16~20 참조)

분명히 우리의 삶을 돌아보면 자기 자신의 기준으로 볼 때 덜 긴급하고 중대한 일이지만 주님의 시각에서 본다면 가장 긴급하고 중요한 일이 뒤처져 있는지도 모른다. 너무나 일에 몰두한 나머지 정작 돌아보아야 할 것은 잊고 있는 것은 아닌지 한 번 점검해보자. 조금은 난해할지 모르지만 "너희는 먼저 그의 나라와 그 의를 구하라 그리하면 이 모든 것을 너희에게 더하시리라"(마태복음 6:33)라는 말처럼 우리가 먼저 구해야 할 우선순위는 무엇인지 돌아보자.

비전을 이루는 삶인가

누군가 헬렌 켈러에게 눈이 먼 것보다 더 좋지 않은 일이 있다면 무엇이겠느냐고 질문했다. 그러자 그녀는 "볼 수는 있지만 아무런 비전도 갖지 못하는 것이 눈이 먼 것보다 더 좋지 않은 일이다."라고 대답했다.

비전을 가진 사람은 비전이 없는 사람이 보지 못하는 것을 볼 수 있다. 그러나 30대의 현실은 꼭 그런 것 같지만은 않다. 어린 시절에 가졌던 꿈은 이미 희미해진 지 오래 되었고, 현실에 부대껴 살다보니 비전이란 단어는 알지만 그것은 청소년들에게나 강조하는 것쯤으로 치부해버린 채 살고 있기 때문이다. 그러다보니 '꿈' 혹은 '비전'은 사실상 우리의 삶과는 별개의 사문화된 단어에 불과한 것으로 생각하기 쉽다. 그러나 분명히 성경은 "꿈이 없는 백성은 망한다"(잠언 29:18)고 선언한다. 여기서 말하는 꿈이란 결코 개인의 야망을 의미하는 것은 아니다.

그렇다면 그리스도인에게 비전이란 무엇인가? 그것은 바로 하나님과 우리 자신, 그리고 우리가 처한 상황을 정확히 이해하고 그것을 바탕으로 우리가 바라는 미래의 모습을 마음속에 선명하게 그려낸, 곧 하나님께서 주신 그림이라고 정의할 수 있다. 도저히 우리 인생에서 이루지 못할 허황된 무지개를 쫓거나 자신의 이기적 욕구를 채우기 위해 물불을 가리지 않고 뛰어드는 것은 비전이 아니라 야망이며 망상에 지나지 않는 것들이다.

그러므로 자기 자신과 자신이 속한 공동체가 망하지 않도록 하기 위해서라도 바른 비전은 필요하다. 한 치 앞도 내다볼 수 없을 정도로 불투명한 미래를 향해 나 자신과 가정과 내가 속한 공동체를 이끌어줄 명확한 지로(指路)를 발견하고 끊임없이 영감을 얻기 위해서는 비전이 필요한 것이다. 만약 비전이 없다면 어디로 가야 할지 또 지금 가고 있는 곳은 어디인지 감을 잡을 수 없을 것이다.

또한 우리가 가진 내적 잠재력을 발견하고 열정을 가지고 매순간 최선을 다하기 위해서 구체적인 비전이 필요하다. 달려갈 수 있는 비전이 있을 때 오늘을 어떻게 살며 주어진 시간을 어떻게 활용할지에 대한 구체적인 전략이 수립될 수 있기 때문이다. 어떤 의미에서 우리는 늘 문제에 봉착하는 삶을 산다. 그래서 어느 시인은 한 고비를 넘기면 또 한 고비가 나타나는 것이 인생이라고 말했다. 만약 우리 앞을 가로막는 문제만 바라본다면 한숨과 좌절이라는 먹구름이 우리의 삶을 뒤덮을 수밖에 없을 것이다. 그러나 이룰 수 있고 또 조금은 힘들지라도 상황을 냉철하게 진단해볼 때 충분히 도달할 수 있는 비전을 가진 사람이라면 새 힘을 얻고 인생의 고비를 잘 넘길 수 있을 것이다. 특별히 하나님께서 원하시고 진행 과정에서 명확한 전략을 수립할 수 있다면 더더욱 역동적인 삶을 살아갈 수 있을 것이다.

나이가 들어갈수록 삶에서 비전을 세우는 일은 중요하다. 그렇다면 어떻게 우리의 삶에서 중요한 역할을 하는 이 비전을 헛된 꿈이 아닌 실현가능하고 구체적인 것으로 세울 수 있을까? 무엇보다 가장 먼저 필요한 것은 나의 비전을 발견하는 일이다. 내가 좋아하고 하면 할수록 신나는 그 무엇을 이미 발견했다면 비전을 세우는 기초과정은 일단 통과한 셈이다. 그런 다음 그것을 더욱 증폭시키기 위해 전략을 세우고, 그 전략들을 하나씩 이루기 위한 대가를 지불해야 한다. 아마도 대부분 이 시점에서 종종 비전이 헛된 꿈으로 전락하는 것을 이미 경험했을 것이다. 그러나 대가(희생)를 치르지 않고 비전을 이루겠다는 것은 요행심리에 불과하다. 대가를 치르되 성실함으로 집중력 있게 대가를 지불하면서 꿈을 이루어나가는 과정이 필요한 것이다.

30년 이상을 살아오면서 평생동안 꼭 이루기를 원하는 비전은 무엇인가? 많은 사람의 인생에 힘과 소망을 불어넣어준 찬송가 534장 "저 높은 곳을 향하여"의 1절 가사를 보자.

저 높은 곳을 향하여
날마다 나아갑니다
내 뜻과 정성 모두어
날마다 기도합니다
내 주여 내 발 붙드사
그 곳에 서게 하소서
그 곳은 빛과 사랑이
언제나 넘치옵니다.

늦었다고 접어버리지 말고, 다시 한 번 나에게 필요하고 하나님이 원하시는 비전이 무엇인지 찾아보자. 그리고 이미 붙잡은 비전이 있다면, 그것을 이루기 위해 비록 힘들고 어렵지만 지불해야 할 대가를 성실하게 지불하면서 자신을 준비하고 단속하자.

어떤 리더십을 가졌는가　23

　점점 나이가 들면서 작게는 가정에서부터 이런저런 공동체에 이르기까지 어쩔 수 없이 리더 역할을 감당해야 하는 경우가 자꾸 늘어만 간다. 우리 시대가 리더십 열풍에 빠져 있기 때문이라기보다는 필요에 의해서 30대는 지도자론에 대해 관심을 기울일 수밖에 없기 때문이다.
　《좋은 리더가 되는 212가지 노하우》라는 책을 보면 지도자의 유형을 재미있게 구분해놓았다. 첫째는 '똑게유형'이라고 해서 똑똑하고 게으른 지도자, 둘째는 '똑부유형'으로 똑똑하고 부지런한 지도자, 셋째는 '멍게유형'으로 멍청하고 게으른 지도자, 마지막은 '멍부유형'으로 멍청하고 부지런한 지도자로 분류했다.
　이 책에서 저자는 똑똑하고 게으른 형을 '최고의 지도자'로 꼽았고, 멍청하고 부지런한 형을 '최악의 지도자'로 꼽았다. 왜냐하면 업무를 정확히 파악하면서도 주요 업무는 아랫사람에게 맡기는 지도자는 인재를 키우고 조직을 발전시키지만, 상황 판단이 어두우면서도 끊임없이 불필요한 일을 만드는 지도자는 조직을 지치게 만들기 때문이다. 그리고 조직에서 퇴출 대상 리더형으로는 정책 결정을 못하고 윗사람 눈치만 보는 '뜸들이기형', 나이와 권위만으로 버티는 '뚝심형', 틈만 나면 회고담을 늘어놓는 '회고형', 사소한 일까지 자신이 직접 챙기는 '부하 불신형'이 있다고 한다. 여기에 더하여 신세대인 아랫사람들의 능력을 최대한 개발하기 위해서는 옛날 얘기를 꺼내지 말고, 의사결정 과정에 참여시키며, 개인시간을 보호해주고, 술로 만사를 해결하지 말고, 둘만의 시간을 가지라고 권한다.

 사실 거창하게 데일 카네기의 리더십 이론이나 경영학적 리더십을 언급하지 않더라도 그리스도인들은 예수님을 통해서 올바른 리더십을 쉽게 배울 수 있다. 복음서에 나타난 예수님은 결코 자신의 뜻대로 행하시지 않고 언제나 하나님의 뜻을 이루기 위해서 모든 것을 행하셨다. 이것은 만일 우리가 자신의 안위만을 위한 목적과 동기를 가지고 지도력을 행사한다면 곧바로 실패한 지도력으로 나타나게 될 것임을 핵심적으로 보여준다.

 엄밀한 의미에서 진정한 리더십은 지위가 아니라 영향력을 행사하는 것이고, 명령으로 권위를 세우는 것이 아니라 솔선수범으로 행하는 것이다. 많은 사람이 지도력을 행사하면서 실패하는 주요 원인은 권위와 권위주의를 혼동하는 데서 기인한다. 사실 권위 자체가 나쁜 것은 아니다. 문제는 지도자들이 그 권위가 어디로부터 오는지를 잊어버리기 때문에 나타나는 권위주의적 양상 때문이다. 이런 의미에서 다시 예수님에게서 배울 수 있는 중요한 사실은 지도자의 권위는 겸손과 섬김으로 온다는 점이다.

마이런 러쉬는 "다른 어떤 천연 자원이나 에너지의 고갈보다 인류가 직면하고 있는 더 심각한 문제는 지도자의 리더십 부족이다."라고 말한다. 나이를 점점 먹어가고 직장에서도 지위가 조금씩 올라가면 행사할 수 있는 권위의 영역은 점점 넓어지게 마련이다. 분명한 것은 리더십은 영향력이라는 사실이다. 그러나 영향력을 발휘하려면 함께하는 이들에게 감동을 줄 수 있어야 하는데 지도자가 사람들에게 감동을 선사하지 못해서 여러 공동체가 어려움을 겪고 있다.

과거 같으면 가정에서도 '아버지'라는 타이틀 하나만으로 가족들에게 호령할 수 있었고, 모든 가족이 보이지 않는 곳에서는 불만을 토로했을망정 아버지 앞에서는 모두 그 권위에 순복했다. 그러나 이제는 직책이나 지위, 타이틀로 상대를 어찌할 수 없는 시대가 되었다. 어느 정도의 지위를 가지면 힘을 휘두를 수도 있다. 그러나 그 권력으로 구성원들 위에 군림한다고 해서 자연스럽게 맹종하던 시대는 이제 지나갔다. 그러므로 섬김의 리더십을 통해 자연스럽게 흘러나오는 영향력이 절대적으로 필요한 시대가 도래했음을 깨달아야 한다.

미국 가구업계 서열 1위인 허만 밀러사의 명예회장으로서 40여 년 간 자원봉사자에 의해 움직이는 NGO 경영자로 알려진 맥스 드프리는 리더에게는 권력으로 억압하는 리더십이 아니라, 구성원들의 자발성을 이끌어내는 리더십이 필요하다고 역설한다. 곧 섬김의 리더십이 필요하다고 강조하는 것이다. 섬김의 리더십이 있는 가정과 공동체에 비전이 있음은 두말 할 여지가 없다. 그러므로 스스로 똑게형의 리더십인지 멍부형의 리더십인지 곰곰이 생각해보자.

24 자기계발의 필요성을 깨닫고 있는가

　세계 미래학계에서 2000년대에 실현될 것으로 예측한 과학기술의 발전추세를 흥미롭게 본 적이 있다. 그 중 우리의 일상생활과 밀접하게 관련된 것들을 중심으로 10년 후를 예측한 과학의 변화는 정말 흥미롭다. 2011년에는 전기자동차와 각종 생활용품의 맞춤생산이 보편화되고, 2012년에는 정확성과 속도를 갖춘 컴퓨터 번역시스템에 의해 효과적인 의사소통이 이루어진다고 한다. 그리고 2013년에는 유전자 치료가 보편화되고, 암이나 에이즈 등 난치병을 예방하고 치료하는 기술이 개발된다고 한다. 매년 제시된 과학기술 발전의 추이자료를 보면서 말 그대로 눈부신 변화 앞에 노출된 미래 사회를 내다볼 수 있었다.
　《직업의 미래》라는 책을 보면 급속한 변화를 겪고 있는 미래 사회에서 미국 직장인들이 느끼는 감정을 확인할 수 있는데, 이 책은 세 단어로 직장인들의 상황을 정리했다. 일명 'FUD'라는 약자로 요약되는 세 가지 상황 중 첫째는 Fear(두려움)이고, 둘째는 Uncertainty(불확실성)이며, 마지막 셋째는 Doubt(불신)이다. 그러나 이 세 가지 상황은 이제 국지적으로 미국 직장인들만 느끼는 것이 아니고, 전 세계로 확산되어 보편적인 감정이 되고 있다. 이런 점에서 "급속히 변하는 상황에서 과연 내가 살아남을 수 있을까?" 하는 것은 모든 사람의 화두가 되었다고 해도 과언이 아니다.

과거에는 그저 자신이 맡은 분야에서만 성실함을 보이면 다른 사람에게 인정받는다는 의식이 팽배했었다. 물론 이런 자세는 지금도 지속적으로 요청되는 자세이지만 만약 주변에서 변화하는 흐름을 놓쳐버리면 낭패를 볼 소지가 있다. 결국 자기계발에 힘쓰는 것이 그 무엇보다 중요한 상황이 되고 만 것이다.

그러나 지금 우리가 당면한 현실을 보면 자기계발을 위해 투자하기가 너무나 어려운 실정이다. 왜 그렇게 해야 할 일은 많고, 뛰어다녀야 할 곳은 점점 더 많아지는지 자기계발에 힘쓸 여력이 없다는 이야기를 모두 이구동성으로 하고 있다.

실제로 어느 인터넷 채용정보 사이트에서 직장인들을 대상으로 "현재 자기계발의 필요성을 느끼는가?"라는 질문을 했는데, 응답자의 62퍼센트가 '절실히 느끼고 있다.'고 대답했다고 한다. 또 다른 정보사이트에서는 직장인들에게 "하루에 자기계발에 투자하는 평균시간이 얼마인가?"라고 물어본 결과 '거의 없다.'는 응답이 57퍼센트에 달했고, '1시간 미만'이라는 응답도 25퍼센트를 차지했다고 한다. 이 결과대로라면 오늘날 직장인들이 자기계발에 대한 욕구는 절실한 반면 실제 자기계발에 투자하는 시간은 적은 것을 단적으로 알 수 있다.

전도서 10장 10절은 '무딘 철 연장 날을 갈지 아니하면 힘이 더 든다.'고 자기계발의 중요성을 지적한다. 바쁘고 피곤하지만 자기계발은 아무리 강조해도 지나치지 않다. 주5일 근무제가 점점 확대되면서 자기계발을 위한 시간적 여력은 많이 확보될 것으로 보인다. 이 제도가 모든 사람에게 업무능력을 높여주고 동시에 자기계발의 효용성도 극대화시켜준다고는 할 수 없겠지만 어쨌든 시간을 가용할 수 있는 여력이 많이 생긴 것임에는 틀림없다.

사실 칼을 가는 것으로 비유되는 자기계발을 위해서는 무엇보다 시간이 필요하다. 그러기 위해서는 지금 일하는 곳에서 잠시 쉬면서 자기계발에 힘쓸 수도 있고, 그것이 여의치 않으면 현재 일하는 곳을 떠나서라도 자기계발을 해야 한다고 생각한다. 어떤 방법을 택하든지 자신의 입지와 위치를 점검하면서 용이한 방법으로 자기계발을 수행해야 하는 것이 우리에게 주어진 과제다.

시대의 빠른 변화와 상황의 급속함을 강조하다보면 자칫 기능적인 분야의 자기계발만을 의식할 수 있다. 그러나 크리스천의 입장에서 자기계발과 관련하여 인지해야 할 것은 단순히 기능적인 분야에 국한시키지 말아야 한다는 것이다. 그리스도인들에게 주어진 자기계발 분야는 오히려 더 근본적이다. 그것은 우리가 하나님의 사람으로서 자기계발을 통해 얼마나 성숙되느냐 하는 문제다. 다시 말하면 얼마나 더 영적인 사람으로 주변의 사람을 돌아보고 섬기는 사람으로 서 있을 수 있느냐 하는 문제인 것이다.

그러므로 우리는 성령 하나님과 동행하며 얼마나 더 기도의 무릎이 견고해져서 하나님의 뜻을 밝히 아는 영적 통찰력을 가질 수 있느냐에 더 관심을 기울여야 하고, 궁극적으로 영적인 자기계발에 부지런해야 한다. 결국 우리에게는 내가 몸담고 있는 분야의 기능적 자기계발과 동시에 영적인 사람으로 성숙하기 위한 자기계발을 동시에 추구해서 두 마리 토끼를 한꺼번에 잡아야 할 과제가 제시되어 있는 것이다.

25 칭찬받는 삶인가

　오늘날 명문가로 알려진 가문이 과연 있을까 싶지만 소위 세간에 명문가로 소개되는 집안들을 보면 대부분 수백 년 역사를 갖고 있다. 이러한 집안 사람들이 갖는 특징은 자존심과 긍지를 갖고 있는 동시에 도덕성을 함께 유지하고 있다는 것이다. 자존심과 긍지야 개인적으로 갖는 것이니까 별로 중요하게 생각하지 않을 수도 있지만 도덕성은 대단히 중요한 요소다. 대체로 수백 년의 역사를 이어올 수 있는 집안들은 힘없는 사람들을 착취해서 당대에 잘먹고 잘살았던 집안들이 아니라, 그들을 섬기고 넉넉한 인심으로 주변 사람들을 돌본 집안들이 대부분이었던 것을 확인할 수 있다.
　실례로 어느 일간지에서 〈한국의 노블레스 오블리주〉라는 시리즈를 연재하면서 전북 순창군 동계면 구미리에 자그만치 620년의 역사를 지닌 남원 양(楊)씨 집안에 대해 소개한 내용은 오늘을 사는 우리들의 삶을 되돌아보게 한다. 신문 기사를 요약하면 다음과 같다.

조선 초기 통훈대부(通訓大夫)를 지낸 양사보(楊思輔·1378~?) 고택이 있는 이곳에는 14세기 후반인 고려 말 우왕 때부터 남원 양씨들이 터를 잡아 21세기 현재까지 살아오고 있다고 한다. 이 집안에는 그들의 자존심을 나타내는 것으로 대과 시험 합격자에게 수여하는 홍패(紅牌) 두 장이 지금까지 보존되어 있다. 그런데 더욱 중요한 것은 그들이 가문의 자존심만을 내세운 것이 아니라 이웃에 대한 적선(積善)을 했다는 사실이다. 일례로 양사보의 16대 후손인 양석승은 19세기 말 기존 체제가 붕괴되고 새로운 상업자본이 형성되던 사회적 전환기를 맞아 양반들이 꺼리던 장사에 과감하게 뛰어들어 자본을 축적했던 인물인데, 당시 종이 수요가 증가하자 한지공장을 세워 돈을 벌었고, 전답의 수세를 받을 때 유통이 불편한 쌀 대신에 가벼운 삼베나 무명베로 받아 유통업을 했다. 당시 그가 살던 순창군 금과면 고례의 집은 ㅁ자 형의 구조였는데, 서향의 별채 뒤에 디딜방아를 설치해놓은 집이 한 채 있었다. 디딜방아 옆에는 천석꾼이었던 양석승이 쌓아놓은 볏가마가 있어서 가난한 사람들이 와서 공짜로 벼를 찧어갈 수 있도록 배려했다. 눈에 잘 띄지 않는 곳에 있어서 사람들이 눈치 보지 않고 마음 편하게 벼를 찧어 갈 수 있도록 배려한 것이다. 당시 공짜로 쌀을 가져가는 사람들도 양심이 있어서 석 되 이상은 가져가지 않았다고 전해진다.(조선일보 2002년 5월 6일자 참조)

남이야 어떻게 되든지 자기만 잘먹고 잘살면 된다는 의식을 가지고 돈 좀 만지면서 사는 사람들을 우리는 '졸부'라고 부른다. 한국 사회를 좀먹는 여러 요인들 중에 제대로 갖추지 않은 채 자기과시에 능한 이들 졸부근성을 가진 사람들 때문에 사회가 더욱 어두워져간다는 한탄을 여기저기서 들을 수 있다. 얼마나 자기광고를 효과적으로 하느냐에 따라 대접이 달라지는 시대이니 누구나 자기과시에 대한 유혹을 받을 수밖에 없고 나만 잘되면 된다는 의식에 사로잡혀 살아갈 수도 있다. 극단적으로 표현한다면 도덕성이니 윤리의식이니 하는 것은 한 마디로 뒷간 쓰레기 취급을 받은 지 오래다. 실제로 이런 사실을 반영하듯 2001년 국제투명성기구가 발표한 국가별 부패지수를 보면 한국은 조사대상 91개국 중 42위로 후진국 수준이다. 우리나라에 있는 외국인들을 대상으로 한국 직장인들의 가장 큰 문제점이 무엇이냐고 질문했더니 '공사를 구분하지 못한다.'라는 대답이 1순위였다고 한다. 경제는 발전했는지 모르지만 사람됨의 발전은 결코 이루지 못한 부끄러운 모습이다.

우리가 살고 있는 사회의 견인차 세대를 30대와 40대라고 하는데 주저하는 사람은 거의 없다. 캠페인성 문구 같지만 "내가 바로 살면 내가 속한 공동체가 바로 선다."는 말은 분명한 진리다. 신뢰를 잃어버린 사회만큼 어려운 곳이 어디 있겠는가?

30대로서 거창하게 윤리학에 입각한 윤리논쟁을 벌이지 않더라도 나 하나의 됨됨이가 주변에 미치는 영향력은 크고 분명히 그 파장은 오래 간다. 한 사람이라도 참으로 보기 드문 인격을 갖추고 있으면 부패지수 1등의 나라에 산다 할지라도 주변의 몇 사람은 살맛이 날 것이다. 단 한 사람의 외로운 노력으로 프로방스의 황무지가 거대한 숲으로 바뀐 기적 같은 이야기를 담은 장 지오노의 《나무를 심은 사람》이 주는 교훈처럼, 비록 황무지와 같은 척박한 삶의 현장에 있다고 할지라도 "그래. 저 사람은 믿을 만한 사람이야. 저 사람 때문에 살맛이 나."라는 칭찬을 들을 수만 있다면 얼마나 좋을까 하는 생각을 해본다.

정의로운 삶인가

　존 스타인벡의 소설을 엘리아 카잔이 연출한 영화 〈에덴의 동쪽〉은 반항하는 젊음의 영원한 표상인 영화배우 제임스 딘의 출세작이기도 하다. 영화의 배경은 1차 대전을 치르고 있는 미국의 북 캘리포니아 설리너스 계곡이다. 우울하고 반항적인 아들인 10대 칼(제임스 딘 배역)은 아버지 애덤(레이먼드 매시 배역)의 애정을 갈구한다. 그러나 아버지는 항상 모범생인 형 애런(리처드 다벌로스 배역)을 편애한다. 여러 과정의 인생유곡이 있고 세월이 지난 후에 마침내 아버지와 칼이 화해한다는 내용이 이 영화의 전체 줄거리다. 구약성서의 카인과 아벨을 모티프로 삼아 인간의 애증관계 속에서의 대화 단절과 소통 부재를 상징적으로 이야기하는 이 영화는 많은 사람에게 강렬한 인상을 남겼다.
　사소하다고 접어버릴 수 있지만 실제로 부모가 아이들을 키우다보면 자주 봉착하는 문제가 편애다. 두 아이를 키우고 있다면 그 중에 꼭 한 아이에 대해서는 조금은 더 관용적인 태도를 보이는 자신의 모습을 발견할 수 있다. 또 친구들과의 관계에서도 어느 친구에게는 좀더 적극적으로 마음을 열지만 다른 친구에게는 그렇지 않은 자신의 태도를 발견하기도 한다. 학창시절 분명히 내가 더 잘했음에도 불구하고 칭찬은 엉뚱한 아이에게 돌아갔던 경험을 한 번쯤은 했을 것이다. 지금도 '우리나라 교육을 망치는 것은 치맛바람'이라는 말이 심심치 않게 나오기도 하지만, (결코 모든 선생님이 그렇지는 않지만) 종종 나보다 잘사는 부잣집 아이, 어머니가 자주 학교에 방문하는 아이는 선생님의 칭찬과 귀여움을 더 많이 받는 것을 보고 마음 아팠던 기억을 가슴 한켠에 간직하고 있는 이들이 있을 것이다.

이제 주변을 한 번 둘러보자. 대부분의 사람은 자신을 위한 정의에 대해서는 굉장히 민감하다. "그것은 불공평한 것이다."라고 외치는 것을 대체적으로 주저하지 않는다. 그러나 이렇게 말하는 것은 거의 나와 관련된 문제에 집약되어 있는 경우가 많다. 이것은 결국 '나를 위한 정의'다. 타인은 어떻게 되든지 나만 불이익을 당하지 않으면 되고, 나만 부당한 대우를 당하지 않으면 된다는 의식이 "그것은 불공평하다."라는 외침의 저변에 깔려 있는 것이다.

그러므로 곱씹어봐야 한다. "그것은 불공평한 것이다."라고 말할 때 한 걸음 뒤로 물러서서 상황을 객관적으로 바라보며 하는 말인지를 먼저 점검해보아야 한다. '자기중심'의 안경을 쓴 채 상황을 살피고 판단하는 이상 우리는 객관적인 공평성이나 정의와 관련 없이 사태를 파악하고 임의로 결론을 내리며 행동할 가능성이 크기 때문이다.

언젠가 학교 내의 '왕따' 문제를 해결하기 위해 애쓴 공로를 인정받아 시에서 선정한 신지식인에 뽑힌 한 초등학교 선생님에 관한 신문기사를 읽었다. 그 기사 중에 "무조건 자기 자식을 편애하고 가해자들을 처벌하라고만 주장하는 대부분의 부모들은 학교 내의 왕따 문제를 해결하는 데 도움이 안 된다."라고 한 선생님의 말이 잊혀지지 않는다. 그분의 말에 의하면 학교 내의 왕따는 가해자에게만 책임이 있는 것이 아니라 스스로 친구들에게 밉보일 만한 행동이나 차림새 등을 한 경우도 있고, 지나치게 잘난 척하거나, 외모가 너무 튀거나 지저분한 경우도 있기 때문에 피해자에게도 다소 문제의 소지가 있다는 것이다. 그러므로 한 걸음 뒤로 물러서서 양쪽을 살핀 후에 문제해결을 시도하는 것이 중요하다고 결론을 맺었다.

우리는 "팔은 안으로 굽는다."는 말에 아주 익숙하다. 그러나 성경은 "오직 공법을 물 같이, 정의를 하수 같이 흘릴지로다"(아모스 5:24)라고 우리에게 권한다. 가정에서나 직장에서, 또 내가 속한 공동체 내에서 불의한 것은 없는지 살펴보자. 친구나 가족, 특별히 자녀들을 대할 때, 그리고 나와 더불어 일하는 사람들 가운데 나보다 아래 위치에서 일하는 사람에 대해서 특별한 확증 없이 차별하고 편애하지는 않는지 돌아보자. 이런 점에서 잠언의 말씀은 우리에게 큰 교훈을 준다.

"사람의 행위가 자기 보기에는 모두 정직하여도 여호와는 심령을 감찰하시느니라 의와 공평을 행하는 것은 제사 드리는 것보다 여호와께서 기쁘게 여기시느니라"(잠언 21:2~3).

하나님의 사람으로서 하나님이 기뻐하시는 것을 행하는 것이 정당한 이치라면 공평을 행하는 정의로운 삶은 우리의 일상사에서 반드시 점검되고 이루어져야 할 부분임에 틀림없다.

27 재정원칙은 무엇인가

우리는 잠자는 시간을 제외하고 깨어 있는 시간의 대부분을 일하면서 보낸다. 그런 의미에서 일감이 우리에게 주어졌다는 것은 참으로 기뻐하고 감사해야 할 부분이다. 그런데 자유시장경제 상황에 놓이게 되면서 우리에게 주어진 일은 점점 감사의 대상이 아니라 힘들고 고된 것으로 받아들여지고 있다. 다른 사람들보다 좀더 많이 벌어서 좀더 많은 것을 쌓아놓고 좀더 편안한 삶을 영위해야겠다는 의식이 팽배해지면서 일이 경제적 부를 이루기 위한 수단으로 자리매김했기 때문이다.

궁극적으로 부의 축적이 일을 하는 1차적 이유로 대두하면서 현대 사회는 여러 가지 왜곡된 양상을 보이고 있다. 일례로 주식시장이 달아오를 때는 많은 사람이 주식에 관심을 갖는다. 누구나 일확천금을 얻을 수 있다는 생각에 황금의 엘도라도를 꿈꾸며 있는 돈 없는 돈 끌어모아 주식에 투자를 한다. 직장인들 가운데는 주식시장에 대한 관심으로 업무 시간 중에도 자신의 본업은 뒤로 미룬 채 사이버 주식투자에 골몰하기도 한다. 주식투자 자체의 좋고 나쁨을 떠나서 땀흘려 일하기보다는 허황된 꿈을 꾸고 단번에 대박 터뜨리기를 기대하는 기형적 상황이 종종 나타나는 것이다.

우리가 자주 듣는 속담 가운데 "모로 가도 서울만 가면 된다."는 말이 있다. 주변에 보면 이것을 자신의 경제원칙에 대입해서 살아가는 사람들이 꽤 있는 듯하다. 방법이야 어찌되었든 남들보다 더 빠른 시간 내에 더욱 손쉬운 방법으로 돈을 벌어보겠다는 사람을 곳곳에서 볼 수 있다. 시간이 지나서 조금은 진정된 듯 보이기도 하지만 2000년 10월 내국인들도 출입할 수 있는 카지노가 강원도 탄광촌에 들어서자 그 수요가 가히 폭발적이었고, 처음에 레저산업이라는 명목으로 시작한 경륜이나 경마는 사람들의 사행심을 부추기는 일등공신이 되었다. 게다가 정부가 특정 분야의 재정을 확충하기 위해 실시하는 복표사업이라는 것도 따지고 보면 처음 시작할 때의 정신과는 무관하게 손쉽게 돈을 벌려는 사람들의 주머니를 노리는 방법으로 전락하고 있는 듯하다.

여하튼 한 번에 일확천금을 쥘 수 있을 것이라고 생각하는 사행산업이 불황을 타지 않고 계속 팽창하는 것을 보면, 돈만 벌 수 있다면 어떤 것이라도 괜찮다는 경제원칙을 갖고 있는 사람들이 우리 공동체 안에 수많이 존재한다는 것을 여실히 확인하게 된다. 그러나 땀흘리며 수고하지 않고 왜곡된 방법으로 돈을 벌려고 하면 그 결과는 항상 낭패로 끝난다는 사실을 항상 염두에 두어야 한다. 지혜서를 기록한 저자가 잠언에서 제시하는 원칙을 한 번 들어보자.

"성실히 행하는 자는 구원을 얻을 것이나 사곡히 행하는 자는 곧 넘어지리라 자기의 토지를 경작하는 자는 먹을 것이 많으려니와 방탕을

좇는 자는 궁핍함이 많으리라 충성된 자는 복이 많아도 속히 부하고자 하는 자는 형벌을 면치 못하리라라"(잠언 28:18~20).

부를 축적하는 것 자체가 잘못은 아니다. 문제는 재정 수입을 위해서 정직한 수고와 땀흘림의 대가 대신 요행을 기대하며 시간과 정력을 엉뚱한 곳에 낭비하는 것이다.

경제원칙과 관련하여 점검해야 할 것은 비단 수입의 원칙만이 아니다. 지출원칙에도 꼼꼼히 점검해야 할 원칙이 있다. "외상이면 소도 잡아먹는다."는 옛말처럼 지출(소비)행태와 관련하여 현대인들이 돈을 차용하여 물건을 사는 신용카드 남용에 문제가 있다는 것은 주지할 만한 사실이다.

예를 들어 TV를 사더라도 50만 원짜리를 현금으로 구입하는 것에는 주저하지만 300만 원짜리라도 다달이 10만 원씩 할부로 낼 수 있다면 전혀 주저하지 않고 구입하는 것이 현대인들의 소비행태. 현금이 없더라도 물건을 살 수 있다는 것은 정말 신기한 일이다. 그러나 냉철하게 따져보면 신용카드로 구입한 물건은 카드 대금이 남아 있을 경우 실제 소유주는 물건을 구입한 우리 자신이 아니라 돈을 빌려준 카드회사나 은행이라는 사실이다.

사실 꼭 필요하지도 않으면서 물건을 사는 경우가 얼마나 많은가? 돈을 잘 버는 방법과 돈을 잘 쓰는 방법을 소개한 책은 시중 서점에 나가보면 얼마든지 구할 수 있다. 그런데 문제는 그렇게 많은 방법이 정작 내가 가지고 다니는 지갑에는 적용되지 못하고 있다는 점이다. 이런 점에서 일단 지출과 관련하여 실현가능한 몇 가지 원칙을 정리해보는 것도 의미 있는 일일 것이다.

전문가들에 의하면 소비를 할 경우 첫째로 "이유를 물어보라."고 조언한다. 물건을 구입할 경우에 "왜 이 물건을 사려고 하는가?"라고 스스로 물어보면 불필요한 이유들이 드러난다는 것이다. 둘째, "한 주간만 기다리라."고 조언한다. 일주일만 기다리면 정말로 소비해야 하는지 아닌지 분명해지고, 특히 고가 물건을 구입할 경우에는 시간적으로 여유를 가짐으로써 다시 한 번 과소비를 막을 수 있는 방호벽이 생긴다는 것이다. 셋째, "절약하는 방식의 소비를 하지 마라."고 조언한다. 대부분 '예산을 절감할 수 있는 절호의 기회를 놓치지 마라.' 또는 '놓치기에는 너무나 아까운 기회'라고 광고하는데 시간이 조금만 지나면 그것보다 더 좋은 기회가 오게 마련이라고 전문가들은 충고한다. 이외에도 전문가들은 "가계부를 꼼꼼하게 적어보라."든가 "절약이 몸에 밴 사람과 함께 쇼핑하라.", "전문가의 의견을 구하라." 등의 조언을 한다.

결국 수입과 지출의 재정원칙에서 그리스도인들은 "내 지갑의 주인이 누구인가?" 하는 물음에 대해 "하나님"이라고 답할 수 있을 때 건강한 재정원칙을 가지고 있다고 할 수 있다.

28 문화를 즐기고 있는가

    21세기를 가리켜 많은 사람이 문화전쟁의 시기라고 말하는 것을 주저하지 않는다. 경영학을 발명한 사람이라고까지 칭송받는 피터 드러커는 《프로패셔널의 조건》에서 잘사는 나라와 못사는 나라의 가장 큰 차이는 문화의 차이라고 한다. 이렇게 거창하게 말하지 않더라도 문화가 공기와 같이 우리 주변을 감싸고 있는 것은 사실이다.

    한국보건사회연구원이 2000년도 통계청 조사결과를 분석해서 〈한국인의 생활시간 배분 실태와 효율적 활용방안에 관한 연구〉라는 보고서를 내 눈길을 끌었던 적이 있다. 우리나라 사람들이 하루 24시간을 어떻게 사용하는지 분석한 결과 가장 많이 쓰는 시간은 수면과 식사 등 '개인 유지' 시간으로 하루 평균 10시간 18분(42.9퍼센트)이었으며, 다음으로는 '교제 및 여가활동'을 위해 4시간 49분(20.0퍼센트), '일'에 3시간 43분(15.5퍼센트)을 각각 쓰고 있었다. 이 밖에 이동 1시간 35분, 가정관리 1시간 30분, 교육(학습) 1시간 28분, 가족 보살피기 25분, 참여와 봉사활동 4분, 기타 8분 등의 순으로 나타났다. 여기에 더해서 재미있는 사실은 TV 시청 등 대중매체를 이용하는 시간이 평일 2시간 10분, 토요일 2시간 36분, 일요일 3시간 16분에 이르렀으며, 컴퓨터게임과 놀이, 음주, 노래 등 취미나 여가활동은 평일 49분, 토요일 56분, 일요일 1시간 2분으로 나타난 반면에, 이웃이나 공동체를 위해 사용하는 '참여와 봉사활동' 시간은 하루 평균 4분에 불과하다는 것이다.

　이 분석결과를 여러 가지로 해석할 수 있겠지만 중요한 것은 우리나라 사람들이 TV를 너무 많이 보고 TV를 통해서 거의 문화생활을 충족시키고 있다는 부인할 수 없는 사실이다. 실제로 TV를 가리켜 오래 전부터 '바보상자'라고 비아냥거리면서도 일단 집에만 들어가면 TV 리모컨부터 찾는 것이 우리의 모습인지도 모른다. 어떤 사람에게 "왜 그렇게 TV를 많이 보느냐?"고 물었더니 "움직이기 싫을 뿐만 아니라 가만히 앉아서 온 세상을 다 보고 즐기니 이보다 더 좋은 것이 어디 있겠느냐."고 대답했다. 아마도 아랫배가 점점 나오고 움직임이 둔해지기 시작하는 30대들의 보편적인 대답도 같을 것이라고 짐작한다. 한 마디로 수동적인 문화 즐기기에 길들여지기 시작하는 세대가 30대라고 할 수 있다.

　분명히 문화 즐기기에서 30대는 수동적이다. 10년을 단위로 세대를 구분한다는 것 자체가 모호한 일이긴 해도 컴퓨터게임을 20대보다 잘하는 것도 아니고, 스포츠를 즐기려 해도 왠지 힘있게 건강이 받쳐주지 못하는 듯한 느낌이 들기 시작하는 때가 30대인지라 문화적으로 쿨(cool, '신선하다'는 문화적 표현)하지 못한 세대가 30대인 것은 틀림없다. 그래서 30대가 자주 즐기는 문화라는 것이 기껏해야 TV 문화를 비롯해서 먹고 마시는 문화, 밤 문화, 노래방 문화일 가능성이 크다. 물론 이 모든 것 자체가 나쁘지는 않지만 창조적이고 생산적인 문화 즐기기로 평가하기는 어려울 것이다.

이미 대중문화와 성인들이 즐길 수 있는 여가문화의 많은 부분이 일정한 수위를 넘은 것은 오래전 일이 되었다. 그러나 일방적이고 수동적으로 이런 문화들을 받아들이고 탐닉하는 상황으로까지 치달아 시간과 물질을 버리는 것은 분명히 바람직하지 않다. 우리 사회의 문화가 그러하고 우리 세대의 주된 흐름이 그러하니까 자연스럽게 따라가도 별로 이상하게 보이지 않을 수도 있다. 그러나 성경은 말한다.

"너희가 이 시기를 알거니와 자다가 깰 때가 벌써 되었으니 이는 이제 우리의 구원이 처음 믿을 때보다 가까웠음이니라 밤이 깊고 낮이 가까웠으니 그러므로 우리가 어두움의 일을 벗고 빛의 갑옷을 입자"(로마서 13:11~12).

방탕한 문화에 빠져 허우적대던 어거스틴을 변화시킨 이 말씀은 오늘 우리에게도 분명한 진리로 다가온다. 자신이 어떤 문화를 즐기고 있는지 돌아보라. 나태와 게으름으로 더욱 우리를 수동적으로 만들고 죄의식에 사로잡히게 만드는 문화에 탐닉해 있는지, 아니면 말 그대로 쿨한 문화를 즐기고 있는지 점검해볼 일이다.

스트레스의 근원을 차단하고 있는가

나이가 들면서 어린 시절에 가졌던 평온함은 온데간데없이 사라져버리고, 이 세상의 모든 짐과 온갖 스트레스를 다 끌어안고 살아가면서 한 번쯤 머리를 쥐어뜯은 경험이 있을 것이다. 어디론가 숨어버리고 싶고, 비그리스도인들처럼 술독에 푹 빠져버리고 싶은 충동을 느끼기도 했을 것이다. 학창시절 모든 면에서 나보다 나은 것이 하나도 없던 친구가 성공가도를 달리는 것을 보면서 깊은 자괴감에 시달리기도 하고, 힘들여서 준비한 프로젝트가 한순간에 물거품이 되어 그 결과에 대한 책임이 모두 자신에게 돌아올 때 억울함과 치밀어 오르는 화를 제어하기 어려울 정도로 스트레스에 시달리기도 했을 것이다.

어느 기관의 조사에 의하면 직장인들이 스트레스를 푸는 방법 중 1위가 '술자리'(24퍼센트), 2위가 '스포츠나 취미활동'(19퍼센트), 3위가 '직장동료와의 대화'(16퍼센트)였고, '마땅히 스트레스를 푸는 방법이 없다.'라고 답한 직장인도 14퍼센트로 집계됐다.(조선일보 2002년 8월

5일자 참조)

　무한경쟁 시대라고 일컬어지는 현대 사회에서 '스트레스'라는 단어는 현대인이라면 누구나 입에 달고 다니는 말이 되었다. 그래서 어느 정신과 의사는 성공에 대한 강박증이 있는 사람이면 어떤 직업을 막론하고 누구에게나 스트레스는 있게 마련이라고 말한다. 결국 성공이라는 고지를 향한 경쟁이 치열하면 치열할수록 스트레스는 늘어나게 마련이고, 스트레스를 완충해주는 역할을 하던 가족이나 평생직장과 같이 안정된 인간관계망이 쉽게 해체되는 현실에서 스트레스는 더욱 커질 수밖에 없다.

　그러나 사실 모든 스트레스가 사회적 환경 탓만은 아니다. 아주 옛날부터 사람들에게서 평안함을 앗아가버리는 스트레스가 존재했음을 알 수 있는데 구약성경의 전도서를 기록한 저자는 그 이유를 이렇게 밝힌다. "온갖 노력과 성취는 바로 사람끼리 갖는 경쟁심에서 비롯되는 것임을 나는 깨달았다. 그러나 이 수고도 헛되고, 바람을 잡으려는 것과 같다. '어리석은 사람은 팔짱을 끼고 앉아서, 제 몸만 축낸다'고 하지만, 적게 가지고 편안한 것이, 많이 가지려고 수고하며 바람을 잡는 것보다 낫다. 나는 세상에서 헛된 것을 또 보았다. 한 남자가 있다. 자식도 형제도 없이 혼자 산다. 그러나 그는 쉬지도 않고 일만 하며 산다. 그렇게 해서 모은 재산도 그의 눈에는 차지 않는다. 그러면서도 그는 가끔, '어찌하여 나는 즐기지도 못하고 사는가? 도대체 내가 누구 때문에 이 수고를 하는가?' 하고 말하니, 그의 수고도 헛되고, 부질없는 일이다."(전도서 4:4~8, 표준새번역)

　결국 스트레스의 근원은 자기욕심에 달려 있다는 것이다. 이미 많이 가졌음에도 불구하고 그것에 만족하지 않는 사람, 더 많이 더 높이 올라가야만 직성이 풀리는 그 마음이 스트레스의 원인이라고 전도서의 저자는 밝히고 있다. 오히려 적게 가지더라도 평안을 누리는 것이 땀흘리는 수고를 통해 모든 것을 갖는 것보다 훨씬 낫다는 것이다. 그러나 이 말은 분명히 스트레스 없이 살기 위해 대충대충 책임감 없이 살라는 의미는 결코 아니다. 열심히 일하되 바람까지 잡으려는 수고 때문에 스트레스 받지는 말자는 의미다.

우화 중에 '원숭이 잡는 방법'이라는 이야기가 있다. 입구가 좁은 병 속에 원숭이가 좋아하는 먹이를 가득 넣어두고 숨어 있으면 원숭이가 와서 병 속에 손을 집어넣고 먹이를 한 움큼 잡는다. 그런데 손 가득히 먹을 것을 쥐고 있으니 도무지 입구가 좁은 병에서 손을 뺄 수가 없게 된다. 잡고 있는 먹이를 놓아버리면 쉽게 손이 빠질 텐데 원숭이는 도무지 먹이를 놓으려고 하지 않는다. 이때 가만히 가서 원숭이를 생포하면 된다.

조금의 여유도 남기지 않고 꽉 채우려는 욕심이 많은 사람은 스트레스에 내몰리게 된다. 실제로 어느 대기업에서 여름휴가를 왜 가느냐고 물었더니 과반수에 가까운 사람이 '스트레스를 해소하기 위해서'라고 대답했다. 정말 스트레스가 많긴 많은 모양이다. 그러므로 너무 많이 가지려고 애쓰지 않는지 다시 한 번 생각해보아야 한다. 일단 그것에서 해방되면 스트레스의 근원은 차단한 셈이다. "사회적으로 성공하고 나서 가족을 찾았더니 이미 시간이 늦었더라."고 고백하는 40대 선배들의 이야기를 경청하자. 그리고 "(장차 우리가 들어갈) 관에는 짐을 얹는 선반이 없다."라는 돈 헨리(D. Henry)의 말도 기억하자.

30 성공의 잣대는 무엇인가

현대인들이 성공지상주의에 매달려 있다는 것은 익히 알려진 사실이다. 특히 우리나라 사람 중에는 누군가를 만났을 때 그가 얼마나 높은 지위에 있는지 알고 싶어하고 또 그것을 기준으로 사람을 평가하는 사람이 많다. 다시 말하면 그가 지금 무슨 일을 하는지, 직장에서 지위는 어느 정도이며, 학벌과 출신학교, 심지어는 유명인사와 연관이 있는지 따져보며 종적(縱的) 서열에 관심을 갖는다는 말이다. 이러다보니 대부분의 사람이 좀더 높은 자리에 오르고 좀더 많이 갖기 위해 '성공강박증'에 걸릴 수밖에 없는 것은 필연적 귀결이라 할 수 있다. 이런 사회적 상황에서는 어느 조직에서 무엇을 하든지 최고가 되어야 하고, 차석(次席)이 되거나 2등이 된다는 것, 혹은 아무리 높은 직급이라도 앞에 부(副)자가 붙으면 성공하지 못한 사람이라는 등식이 성립하는 것이 일반적인 의식이 된 것이다.

최고가 되지 않으면 그것은 곧 도태를 의미한다는 사고가 사람들을 숨막히게 하고 있다. 사회 전반에 의식적 관행으로 굳어진 이런 종적인 성공 잣대는 그리스도인에게도 예외 없이 적용되고 있다. 그러나 찬송가 중에 하나님이 주신 축복에 대한 감사를 찬양하는 "세상 모든 풍파 너를 흔들어"라는 찬송가에 주목해보자. 후렴에 나오는 "받은 복을 세어 보아라"에서 복의 의미는 결코 세상 사람들이 말하는 그런 유의 복은 아닐 것이다. 곧 경제적으로 다른 누구보다 풍요롭고 무슨 일을 하든지 머리가 될지언정 결코 꼬리가 되지 않는다는 의미는 아닌 것이다. 일반인들이 생각하는 성공은 남보다 조금이라도 높은 직위에 있는 것이고 구체적으로 실감하는 경제적 여유를 의미하지만 적어도 그리스도인이 가져야 할 성공 기준은 나만 잘먹고 잘사는 것은 분명히 아니다. 그리스도인으로서 가져야 할 참된 성공기준은 질적으로 다른 것이다.

그렇다면 그리스도인의 성공의 잣대는 과연 무엇인가? 성경에서 성공한 인생을 산 대표적인 인물로 꼽히는 사람은 요셉이다. 형들에게 버림을 받고 타국으로 팔려간 그는 지금이나 당시나 사회적 성공의 잣대로 보자면 결코 성공한 축에 들지 못하는 사람임에도 불구하고 후대에는 누구 못지않게 성공한 사람으로 평가받고 있다. 인생초기부터 별 볼일 없었던 요셉이 성공한 사람으로 평가받는 이유는 성경을 보면 분명하게 알 수 있다. 당시 요셉의 주인이었던 보디발이 요셉의 모든 일을 형통하게 하시는 하나님을 보면서 요셉에게 자신의 모든 소유물들을 주관하게 하자 요셉으로 인해 그의 집과 밭에 있는 모든 소유에 복이 임했다고 성경은 말한다.(창세기 39:3~5 참조)

그리스도인으로서 성공했다는 것은 바로 돈을 많이 벌고 다른 사람보다 우위에 있는 것을 의미하는 것이 결코 아님을 여기서 확인할 수 있다. 그리스도인으로서 성공한 사람이란 자신의 우월성만을 주변인들에게 보여주는 사람이 아니라 자신으로 인해 다른 사람들이 복을 얻게 하는 사람이라는 뜻이다. 이런 성공의 잣대로 다시 한 번 스스로에게 물어보라. "당신은 그리스도인으로서 과연 성공한 사람인가?"

이런 질문을 던지는 순간 미치 앨봄의 《모리와 함께한 화요일》에 나오는 다음의 내용이 가슴에 와 닿는다.

1979년, 브랜다이스 체육관에서 농구경기가 벌어지고 있었다. 우리 팀이 잘 뛰자 학생들은 한 목소리로 응원 구호를 외친다.
"우리가 1등! 우리가 1등!"
모리 교수님이 부근에 앉아 있다가 이 구호를 듣고 어리둥절해한다. 그래서 "우리가 1등!" 하고 외치는 중간에 벌떡 일어나서 그는 소리친다.
"2등이면 어때?"
학생들이 그를 바라본다. 그들은 구호 외치기를 멈춘다. 선생님은 앉아서 승리에 찬 미소를 짓고 있다.

모든 사람이 세상의 잣대를 기준으로 성공을 향해 줄달음치다가 비리와 부정의 제물이 되고 마는 것을 비일비재하게 목격하게 된다. 차제에 모두가 1등만을 성공했다고 하지만 1등보다 훌륭한 2등, 아니 자기중심적인 수석(首席)보다 다른 사람들을 복되게 하는 꼴찌가 성공한 사람이라고 생각한다. 그러므로 다시 한 번 질문할 수밖에 없다.
"과연 당신의 성공 잣대는 무엇인가?"

인생의 하프타임에 대한 자세는 어떠한가 31

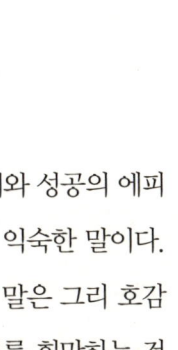

어릴 때부터 들어온 에디슨의 전구발명과 관련한 실패와 성공의 에피소드와 "실패는 성공의 어머니다."라는 격언은 너무나 익숙한 말이다. 그러나 이 말이 아무리 훌륭한 격언이라 해도 실패라는 말은 그리 호감 가는 말이 아니다. 기왕이면 실패 없이 목표에 다다르기를 희망하는 것이 인지상정이다. 그러나 모든 사람이 겪기 싫어하고 당사자로서는 괴로울 수밖에 없는 실패라는 경험이 때때로 인생을 관조하게 해주고 새롭게 도약할 수 있는 전환점이 된다는 사실을 수많은 인생 선배들은 전해준다.

일례로 미국 대통령이었던 지미 카터는 재임 당시만을 평가했을 때 가장 실패한 대통령으로 알려졌다. 카터가 도덕적이고 현학적이었다는 사실은 그에 대해 평가하는 책 몇 권만 읽어보면 쉽게 알 수 있다. 그러나 정치평론가들이나 기자들은 그의 직무수행능력에 대해서는 혹독하게 비판했다. 물론 같은 동료 정치인들조차도 행정부 자체의 존재이유를 모르겠다는 식으로 논평했다고 한다. 한 마디로 대통령으로서의 카터는 낙제점수를 받은 셈이다. 그러나 퇴임 후의 카터는 노벨평화상 수상자가 됨으로써 그를 향한 혹독한 비판들을 일거에 잠재웠다. 실패한 대통령이라는 이미지 자체를 바꾸어버린 것이다. 대통령 시절 정치인들의 생리를 잘 이해하지 못하고 순진하게 도덕성을 바탕으로 일하고 남의 이야기를 잘 들으며 스스로 순결하게 살려고 했던 결과, 정치적으로는 실패한 대통령으로 낙인찍히게 했던 그 요소가 오히려 퇴임 이후에는 성공의 요소로 작용한 것이다.

어쩌면 서른을 훌쩍 넘긴 나이에 현역에서 가장 왕성하게 활동해야 할 시기인 우리네 모습도 대통령 시절의 카터와 같을지 모른다. 아무리 내가 가진 강점으로 일하고 인간관계를 유지하려고 하지만 계속 외딴 섬처럼 남아서 '나는 실패한 인생'이라고 자조하게끔 만들 수도 있기 때문이다. 순수하게 접근하지만 바보라는 오해를 받고, 정직하게 살다 보니 간교한 사람들에게 이용만 당하다가 모든 것을 잃는 자리에 서게 될 수도 있는 것이다. 한 마디로 달려야 함에도 불구하고 달리지 못한 채 인생의 하프타임(휴식기)을 맞이한 상황일 수도 있다.

나름대로 최선을 다해왔다고 자부하지만 손에 쥔 것이 없고 남은 것이 하나도 없는 상황은 우리를 절망하게 만든다. 그러나 분명한 것은 인생의 하프타임은 나를 돌아보게 하고 나의 인생을 점검하는 귀한 기회가 된다는 사실이다. 쉼 없이 초고속으로 승진하고 손을 대기만 하면 돈이 펑펑 쏟아지는 미다스의 손과 같은 능력을 가지고 인생을 적토마같이 내쳐 달리는 것을 이상적이라고 생각할지 모르겠지만 오히려 실패하고 좌절하는 인생의 하프타임을 맞이했을 때가 자신의 인생 전반을 관조할 수 있는 기회를 얻는 셈이다.

　인생의 여정에서 아무리 강조해도 지나치지 않은 말 가운데 하나는 '인생은 마라톤'이라는 말이다. 마라톤의 생명은 속도 조절이다. 경기가 시작됐을 때 힘이 있다고 전력 질주를 하면 얼마 동안은 앞설 수 있을지 모르지만 잠시 후에는 지쳐서 낙오되고 말 것임은 뻔히 내다볼 수 있는 일이다. 이런 의미에서 한순간의 좌절이나 실패가 인생 전체를 송두리째 흔들어버리게 할 수는 없다. 특별히 살아계신 하나님을 의지하는 사람이라면 더더욱 그러하다.

　갈릴리 어부로서 고기잡이 전문가였던 베드로가 밤새도록 그물을 던졌지만 아무것도 잡지 못했을 때 그 시간은 분명 그에게는 하프타임이었다. 지치고 상한 마음으로 그물을 깁고 있던 그에게 "깊은 데로 가서 그물을 내려 고기를 잡으라."는 예수님의 말씀은 그에게 전화위복이 되었다. 어떻게 보면 프로로서의 자부심이 완전히 구겨진 날일 수도 있고 그의 기억 속에 가장 좋지 않은 날로 인식될 수도 있었지만 그 시간이 바로 인생의 전환점을 이룰 수 있는 정점이 된 것이다. 이런 점에서 실패라는 우리 인생의 하프타임은 분명 인생의 목적을 재점검할 수 있는 기회가 된다.

32 필요한 지혜를 구하고 있는가

　시대가 급변하면서 우리 사회를 일컫는 여러 가지 표현 중에 '지식사회'라는 말이 널리 회자되고 있다. 그래서 서점가에도 지식사회에 대해 예견한 책들이 선풍을 일으키고 있고, 조금이라도 미래사회에서 뒤떨어져서는 안 되겠다는 의식을 가진 이들은 소위 필요지식을 쌓기 위해 시간과 물질을 바치는 것을 전혀 아까워하지 않는다. 영어학원 새벽반에 직장인들이 몰리는 상황은 비단 어제 오늘의 일이 아니다.
　실제로 2002년 7월에 출간돼 전국 주요 서점 경제경영 분야에서 베스트셀러로 자리잡은 피터 드러커의 《넥스트 소사이어티》는 다음 사회에 새로운 자본가 반열에 오르게 될 지식 노동자의 출현과 역할에 대해 일목요연하게 설명하고 있다. 이제 지식사회라는 말은 단순히 앞선 의식을 가진 몇 사람만이 향유하는 특별한 영역의 말이 아니라 하나의 사회적인 경향으로 자리잡았다. 이 책에서 저자는 갈수록 치열해지는 경쟁적 상황에서 소위 광속으로 변화할 다음 사회에서 생존의 길을 모색하기 위해서는 반드시 새로운 지식습득을 위한 노력이 필수적이라고 강조한다.

그런데 무한경쟁 사회에서 더욱 강하고 능력 있으며 쉬지 않고 자기혁신을 해야만 살아남는다는 이미 90세를 넘은 피터 드러커의 권고에 대해 일면 고개가 끄덕여지면서도 다른 한편으로 가슴이 답답해지는 이유는 무엇일까? 지식을 쌓는 것만이 최선이라고 이야기하는 것에 대해 '꼭 그렇다.'라고 수긍이 가지 않는 이유는 무엇일까?

과거부터 어느 사회나 돈을 많이 번 사람들을 성공한 사람이라고 평가하기에는 주저함이 없다. 그러나 돈을 많이 벌었다고 해서 반드시 성공한 사람이라고 할 수 없는 것 또한 주지할 만한 사실이다. 누가복음 12장에 나타나는 어리석은 부자에 대한 하나님의 평가는 많은 물질을 가졌다는 것 자체가 인생의 여정에서 가장 중요한 가치가 아니라는 사실을 보여준다. 여러 해 먹을 양식을 창고에 쌓아놓고서 자족감에 빠져 있는 부자에게 하나님께서 던지신 말씀은 일침을 가하기에 충분하다. 누가복음 12장 20절에는 "하나님은 이르시되 어리석은 자여 오늘 밤에 네 영혼을 도로 찾으리니 그러면 네 예비한 것이 뉘 것이 되겠느냐 하셨으니"라고 씌어 있다.

아무리 돈을 많이 벌었어도 그것을 바르게 사용할 줄 아는 지혜와 판단력이 부족해서 인생을 실패하는 경우를 주위에서 흔히 볼 수 있다. 같은 맥락에서 지식경영을 잘 해서 많은 지식을 쌓았고 피터 드러커의 표현대로 '새로운 자본가'가 되었다고 하더라도 상황은 마찬가지다. 지식을 많이 갖고 있어도 그것을 바로 사용하지 못해서 생기는 악한 부산물들을 우리는 너무나 흔하게 볼 수 있기 때문이다. 이런 점에서 우리의 삶에는 바른 판단을 할 수 있는 지혜가 필요하다. 돈도 많고 지식이 많은 것도 좋지만 그것을 어떻게 사용해야 효율적이며 나의 가족과 주변을 이롭게 할 수 있는지 판단할 수 있는 지혜가 필요한 것이다.

예컨대 직장인이라면 업무를 잘 추진하는 전문지식이나 필요한 정보, 돌아가는 상황을 잘 파악하는 것이 필수적이다. 또 사업을 하는 사람은 시세 파악과 시장상황을 정확히 조사해서 필요한 지식을 얻는 것 역시 중요하다. 그러나 사람을 제대로 구별하는 안목, 소위 사람 볼 줄 아는 지혜가 없다면 어떻게 될까? 선한 사람과 악한 사람을 구별할 줄도 모르고, 정직한 이와 속이려는 이를 제대로 분별해낼 줄 모른다면 그 결과는 어떻게 될지 쉽게 내다볼 수 있다. 그러므로 점점 책임 있는 삶을 살아가야 하는 시점에 서 있는 30대는 지혜의 왕 솔로몬처럼 기도할 수밖에 없는 것이다.

"나의 하나님 여호와여 주께서 종으로 종의 아비 다윗을 대신하여 왕이 되게 하셨사오나 종은 작은 아이라 출입할 줄을 알지 못하고 주의 빼신 백성 가운데 있나이다 저희는 큰 백성이라 수효가 많아서 셀 수도 없고 기록할 수도 없사오니 누가 주의 이 많은 백성을 재판할 수 있사오리이까 지혜로운 마음을 종에게 주사 주의 백성을 재판하여 선악을 분별하게 하옵소서"(열왕기상 3:7~9).

위기관리 능력이 있는가

언젠가 모 신문에서 이규태의 칼럼 "한국인의 위기감각"을 읽은 적이 있는데, 그 글에서는 우리나라 사람들이 특별히 위기에 무딘 점을 지적했다.

"모로 가나 기어가나 서울만 가면 그만이라는 정신구조가 대변해주듯이 목적을 달성하기 위해 위험을 무릅쓰는 데는 한국 사람 당해낼 사람이 없을 것이다. 독일이나 영국 같은 게르만 계통 사람들은 무슨 일을 하다가 위험에 봉착하게 되면 그 위험률이 단 1퍼센트 미만일지라도 반드시 그 위험을 제거하고 일을 진행한다고 한다. 바이에른 지방에서 지하수를 얻기 위해 샘 하나 파는 데도 그 샘을 팜으로써 1백 야드 이내의 식생(植生)이 어떻게 달라지며 수맥의 변화로 땅 속 습도와 흙의 밀도가 어떻게 달라지는가를 몇 달에 걸쳐 관찰한 후에 아무런 피해나 위험이 없다고 판단되었을 때 비로소 샘을 파며, 도로 하나 내는 데도 7년 간의 자연 침해기간을 두어 위험요인을 원천적으로 배제하는 것이 관례라 한다.

(중략) 이에 비해 우리나라 사람들은 어떤 일을 할 때 위험률이 절반을 넘어도 "설마 나한테 무슨 일이 생길까?" 하는 위험으로부터의 운명론적인 특혜의식을 갖고 수월스레 위험을 저지르고 만다."

삶을 살아갈수록 생각보다 주변에 위험이 많은 것을 발견하고 소스라치게 놀란 경험이 있을 것이다. 그럴 때마다 우리는 인생길이 점점 길고 절벽 끝에 서 있다는 느낌을 받는다. 말 그대로 눈앞이 캄캄해지고 어찌해야 할지 모르는 위기상황 말이다. 이규태가 언급하는 것처럼 그저 눈 딱 감고 위험이나 위기가 있건 말건 실험정신을 가지고 앞으로만 나가면 된다고 할지 모르지만 어느 정도 안정과 평안을 희구하는 시기인 30대에게는 '눈 딱 감고'라는 말은 적합하지 않은 말이다. 아마도 위기상황은 나이를 먹어갈수록, 또 만나는 사람이 많고 당하는 일이 많으며 책임 영역이 커질수록 더 많이 나타나는 것임에 틀림없다.

삶을 지탱하는 기간 동안 위기는 있게 마련이다. 그러므로 결코 자주 일어나서는 안 되지만 삶 속에서 필연적으로 맞닥뜨릴 수밖에 없는 위기를 어떻게 다루고 관리하느냐에 우리 인생의 성패가 달려 있는 것이다. 위기관리 능력이 어느 정도이냐에 따라 삶의 여러 부분이 균형잡힐 수도 있고 어그러질 수도 있다는 말이다.

구약성경 역대기하에 등장하는 인물 중에 남쪽 유다왕국의 유명한 왕인 여호사밧이 있다. 역대기 저자는 그의 부귀와 영광이 극에 달했다고 전한다. 그런데 호시절을 누리던 왕에게 어느 날 뜻하지 않게 모압 사람들과 암몬 사람들이 쳐들어오는 위기상황이 발생한다. 쳐들어오는 적군들 앞에서 당당하게 맞설 군사력이 부족했던 여호사밧 왕으로서는 정말 어찌할 수 없는 상황이었을 것이다. 그래서 자기만을 바라보며 두려움에 떨고 있는 백성들 앞에서 이렇게 말한다. "우리를 치러 오는 이 큰 무리를 우리가 대적할 능력이 없고 어떻게 할 줄도 알지 못하옵고 오직 주만 바라보나이다"(역대하 20:12) 이는 한 나라를 호령하는 왕으로서는 격에 맞지 않는 유약하고 자신감 없는 말이다. 그러나 오히려 그것이 궁극적으로는 유다 왕국을 살리는 위대한 결과로 나타난다. 이에 대해 역대기 저자는 여호와 하나님의 말씀을 그대로 인용하여 기록한다.

"……이 큰 무리로 인하여 두려워하거나 놀라지 말라 이 전쟁이 너희에게 속한 것이 아니요 하나님께 속한 것이니라 이 전쟁에는 너희가 싸울 것이 없나니 항오를 이루고 서서 너희와 함께한 여호와가 구원하는 것을 보라 유다와 예루살렘아 너희는 두려워하며 놀라지 말고 내일 저희를 마주 나가라 여호와가 너희와 함께 하리라 하셨느니라"(역대하 20:15, 17).

하나님 앞에 솔직하게 두려움을 아뢰고 하나님만이 위기상황에서 구해줄 분이라는 사실을 인정한 결과 예상하지 못한 승리를 얻은 것을 성경은 증거한다. 크리스천들에게도 위기는 있다. 열심히 살고 최선을 다해도 한계에 부딪힐 때가 종종 있다. 문제는 그런 일을 만날 때 어떻게 대처하느냐이다. 일단 두려워하는 것이 인지상정일 테지만 그 두려움을 해결하는 방식 또한 중요한 관건이다. 살아 계신 하나님을 신뢰한다면 여호사밧 왕이 보여준 것과 같은 태도를 취해야 한다. 자신의 앞날을 위해 남보다 더 열심히 뛰고 더 많이 벌어 저축하는 것도 중요하지만 위기 앞에서 하나님을 얼마나 신뢰하며 위기를 관리하느냐가 더욱 중요한 일임을 다시 한 번 생각해보자.

34 시대의 변화를 읽고 있는가

　인류의 역사는 항상 변화에 능동적으로 대처하는 사람들에 의해 전개되었다. 그런데 현대의 변화는 1917년 영국에서 시작되어 세상을 완전히 뒤바꿔놓았던 산업혁명과는 가히 비교가 되지 않는 변화다. 이름하여 '정보화사회'라는 덩치가 어느 정도인지 가히 짐작할 수도 없는 태풍의 눈이 우리 사회를 지배하고 있는 것이다. 어느 사회학자의 표현대로 한가로운 황소걸음으로 느릿느릿하게 역사의 길에 들어섰지만 근대의 문턱에서부터 시간과의 경쟁이 가속화하였고, 정보화시대가 되면서 시간은 마치 혜성처럼 점점 **빠른 속도**로 돌진해 오고 있다. 결국 우리는 사회적으로 대격변을 예고하고 있는 이 상황에서 익숙한 과거의 지식만으로는 변화를 차분하고 담담하게 소화할 수 있는 능력을 상실할 수밖에 없다.
　그런데 가만히 보면 새로운 세기에 진입한 이후 사람들은 빠른 변화의 속도와 눈뜨면 달라지는 현실에 대해 놀라면서도 그 변화의 심각성은 인식하지 못하는 듯하다. 그저 지금까지 살아온 관행대로 살면서 변화하는 것을 바라만 보고 있든지 나와는 상관없는 것들로 치부해버리고, 동굴 속에 갇힌 채 동굴 입구를 통해서만 밖을 바라보는 정도에 그친다. 특별히 이에 대한 그리스도인들의 인식은 조금 더 심각한 수준이다. 주일에 교회에서 이루어지는 달콤한 성도간의 교제에 안주하고 탐닉한 나머지 굉음을 내면서 광속으로 격변하고 있는 변화의 소용돌이 속에 들어가기를 다소 꺼리는 듯한 인상을 종종 발견하기 때문이다.

그러나 세상의 주인이시요, 역사를 주장하시는 하나님을 믿는 그리스도인들이라면 생각과 태도를 달리할 필요가 있다. 간단하게 말하면 어떤 사람보다도 시대적인 변화를 바로 인식하고 변화하는 사회를 읽으며 역동적이고 창의적으로 움직여야 할 사명이 우리 그리스도인들에게 있는 것이다. 그렇다면 우리 눈앞에서 벌어지고 있는 변화에 대해 창의적 대안을 가지고 어떻게 대처해야 할까?

먼저 영적인 안목으로 변화를 바라보아야 한다. 누구나 환경의 변화에 대해 놀라고 두려워하게 마련이다. 그 이유를 여러 가지로 제시할 수 있지만 가장 중요한 이유는 변화를 피상적으로 바라보기 때문이다. 다시 말하면 변화 이면에 있는 변화의 본질을 보는 것보다 표면적인 변화의 속도를 바라보면서 두려워하는 경우가 허다하기 때문이다. 이런 점에서 학창시절 국어시간에 공부했던 박지원의 〈열하일기〉가 생각난다. 소용돌이치며 넘실대는 큰 강을 유유히 건널 수 있는 방법은 강물을 바라보는 것이 아니라 오히려 하늘을 쳐다볼 때 가능하다는 원리 말이다. 마찬가지로 급속하게 변화하는 환경만을 바라본다면 두려운 마음으로 반응할 수밖에 없지만 오히려 그 본질을 꿰뚫어보고 이면을 볼 수 있는 영적인 안목을 소유한다면 상황은 충분히 달라질 수 있고, 오히려 또 다른 기회를 얻을 수도 있다.

그런데 여기서 한 걸음 더 나아가서 생각해야 할 것은 영적인 안목만으로는 모든 것이 해결되지 않는다는 점이다. 영적인 시각을 가지면서 더불어 변화하는 사회에 대한 지식을 충분히 쌓는 것이 반드시 필요하다. 이런 자세를 가진 영적인 사람을 성경을 통해 확인할 수 있는데, 그는 바로 믿음의 조상이라 일컬어지는 아브라함이다.

아브라함은 75세가 될 때까지 고향의 친척과 아비 집을 떠날 생각을 전혀 하지 않았다. 그런데 본토와 친척과 아버지의 집을 급작스럽게 떠나라는 하나님의 말씀을 받고나서부터 엄청난 변화를 겪게 된다. 인간적으로 보면 분명 불안한 일이었지만 그는 고향을 떠나기로 결단하고 마침내 인생의 새로운 전환점을 맞이하게 된다.

아브라함이 보여주는 행동을 통해 얻을 수 있는 교훈 가운데 가장 중요한 것은 결단력 있는 아브라함의 행동이다. 아브라함은 하나님이 주신 안목(vision)만 가지고 그 자리에 머물러 있는 것이 아니라 결단하고 실제로 행동했다. 사실 하나님의 안목을 갖는 것은 그 무엇보다 중요하다. 그러나 자신을 계발하는 것에 충실한 것 또한 이에 못지않게 중요하다는 점을 인식해야 한다.

앞으로 사회가 어떻게 변화할지는 아무도 예측할 수 없지만, 자신이 현재 얼마만큼 준비하며 시간을 보내는가에 따라 그 변화는 얼마든지 긍정적일 수도 있고 부정적일 수도 있음을 깨달아야 한다. 그러므로 하나님의 주권을 받아들이는 그리스도인이라면 오히려 변화를 기회로 삼고 변화하는 상황에 대한 정확한 지식을 최대한 부지런히 쌓아서 자신의 인생을 새롭게 개척해나가야 한다. 이런 점에서 지금 우리는 시대의 변화에 질질 끌려가는 삶을 사는지, 아니면 시대의 변화를 이끌어가시는 하나님의 음성을 듣고 하나님의 사람으로서 모든 변화에 대안적인 삶을 사는지 점검해보자.

35 섬김과 나눔의 삶인가

사전에는 없는 말이지만 요즘의 사회를 풍자하는 말 중에 '개전제품 (個電製品)'이라는 새롭고 독특한 말이 있다. 사람들이 대체로 텔레비전, 냉장고, 세탁기, 청소기 등과 같은 가전제품은 대형을 선호하지만 최근에는 한 사람이 사용하기에 알맞게 만든 앙증맞은 크기와 형태의 제품을 선호하기에 이를 풍자적으로 일컬어 개전제품이라고 하는 것이다. 주로 원룸에서 혼자 사는 사람의 생활에 맞게 만들어진 기기들이 인기를 얻고 있다.

사회적 생활방식이 점점 개인주의화하는 것은 비단 어제 오늘의 일은 아니다. 생활방식이 이렇다보니 사람들의 의식도 점점 개인주의가 심화하게 된다. 1980년대 암울한 시절, 서울의 봄을 경험했던 일명 386세대들에게 '함께'라는 단어는 아주 익숙한 말이었다. 사생활에서 성향에 따라 개인주의적인 양상을 보여주는 것은 어찌할 수 없었다 해도 함께 뛰어야 하고 함께 성취해야 할 목표를 위해 공감의식을 표출하는 데는 인색하지 않았다. 아마도 386세대가 이런 태도를 보인 것은 다른 어느 시기보다 사회적으로 어두운 터널을 지났기 때문일 것이다. 2002년을 기점으로 볼 때 대학 캠퍼스에서도 386세대의 분위기를 어느 정도 이어간 예비역 세대들은 '함께'라는 구호를 낯설어하지 않지만, 대학에 갓 입학한 새내기들이나 20대 초반의 세대들에게는 전혀 받아들여지지 않고 이해할 수 없는 말이 된 듯하다.

사실 오랜 세월 동안 대부분의 사람들이 집단주의에 내몰린 상황에서 생활해온 우리나라의 역사를 감안한다면 어떤 의미에서는 개인에 대한 자기 정체성 확인작업이 더욱 많이 필요하다고 할 수 있다. 그러나 개인의 정체성 확인이 지나치다 못해 모든 것을 자기중심적으로만 이해하고, 자기 안위를 위해 객관적이고 사회적인 것을 파편화한다면 이것은 큰 문제다. 이른바 '피그말리온 효과'까지 나타난다면 사뭇 위험한 지경이 될 수도 있다. 피그말리온은 그리스 신화에 나오는, 자신이 만든 상(像)에 반한 조각가이다. 이 조각가의 이름에서 유래한 '피그말리온 효과'는 자신이 내면적으로 바라는 것과 객관적 현실을 일치시키고자 하는 행동을 의미한다.

어느 공동체든지 '피그말리온 효과'에 매몰된 사람이 많으면 많을수록 그 공동체는 어려움을 겪게 된다. 대부분의 사람들은 자기중심적인 타인에 대해서는 참지 못하면서도 자신이 얼마나 개인주의적인지를 인지하지 못하는 경우가 허다하기 때문이다. 피그말리온처럼 자신이 만든 조각상과 사랑에 빠져 있으면서 그 사랑을 실현하는 것이 곧 삶의 목적이라는 것을 깨닫지는 못하는 것이다.

작은 공동체로 존재했던 옛날에는 이웃들의 움직임이 한눈에 들어왔기 때문에 공동체 전체가 힘을 모아야 할 상황이 생기면 하나가 되는 것이 대단히 쉬웠다. 그러나 점점 도시화 현상이 촉진되면서 공동체 의식의 기반이 되던 많은 부분들이 사라져갔다. 이런 상황에서 우리 그리스도인들이 다시 한 번 개인주의를 뛰어넘어야 한다. 점점 공동체의 구심력이 약화되고 공동체의 사막화 현상이 커져가며 협동심이 사라진 공동체가 많이 나타날수록 타자 중심적으로 살아가는 그리스도인이 더욱 많아져야 하는 것이다.

사도행전에 나타나는 초대교회 공동체를 보면 왜 당시의 교회가 부흥할 수밖에 없었는지 알 수 있는 중요한 단서가 나온다. 초대교회 공동체에 몸담았던 이들은 철저히 개인주의를 뛰어넘는 삶을 보여준다. 그들은 사도의 가르침을 받았을 뿐 아니라 서로 교제하고 떡을 떼며 기도하기를 힘썼고, 모든 물건을 서로 통용하고 재산과 소유를 팔아 각 사람에게 필요한 것을 나누어주었다. 이런 삶을 사는 과정에서 다른 사람들에게 칭찬을 받았고, 그 결과 주님께서 구원받는 사람을 날마다 더해주셨다. 움켜쥐는 자기중심적인 삶이 아니라 나눔과 서로를 섬기는 성숙한 삶의 모습이 나타났을 때 초대교회는 부흥의 기쁨을 맛볼 수 있었던 것이다.

개인적으로도 어렵고 힘든 시대에 타자 중심적으로 산다는 것이 쉽게 용납되지 않을 수도 있다. 그러나 하나님께서 우리가 돈을 많이 벌게 하거나 어떤 분야에 대한 지식을 많이 쌓게 했을 때, 그것은 자기만을 위해서 사용하라고 주신 것이 아니라는 사실을 기억해야 한다. 그러므로 조금이라도 더 가졌다면 반드시 섬김과 나눔을 위해 사용해야 한다. 이것이 크리스천의 본분이다. 이런 점에서 "다른 사람의 짐을 가볍게 해주는 사람이 이 세상에서 필요한 존재다."라는 찰스 디킨스의 말을 다시 한 번 음미해보자.

미래를 주권자에게 맡기는 삶인가

　우리 사회가 점술과 역술에 의존한다는 것은 익히 알려진 사실이다. 무속행위가 위험 수위를 넘고 있다는 것은 각종 언론매체에서 무속광고가 무시할 수 없는 광고주로 자리잡았다는 사실 하나만으로도 충분히 증명된다. 스포츠신문들은 말할 것도 없고 대표적인 중앙 일간지들마저도 아무런 여과 없이 무속과 미신을 조장하는 광고를 게재하고 있다. 한국 교회언론위원회가 중앙 7개 일간지를 대상으로 2001년 한 해 동안 모니터한 결과에 의하면 미신을 조장하는 역술 광고가 총 2,022건 게재됐으며, 모 신문사는 같은 기간 동안에 총 533건을 게재했다.
　온라인 상황은 더욱 점입가경이다. 인터넷상에서 점을 보는 네티즌들이 폭발적으로 증가하고 있다. 이들은 일명 '사이버 오컬트(cyber ocult)족'이라는 신조어로 일컬어지는데 매일 아침 컴퓨터를 켜고 인터넷을 통해 하루의 운세를 점친다. 번거롭게 점집을 찾지 않아도 언제 어디서나 컴퓨터만 켜면 이용할 수 있다는 장점 때문에 젊은층을 중심으로 이용자가 늘 수밖에 없고, 심지어 크리스천들 중에도 인터넷을 통한 사이 버운세(점)가 비공개적으로 자기만의 공간에서 이뤄지기 때문에 아무 생각 없이 점을 보는 사람이 있어 문제의 심각성을 더하고 있다.

여기에 가세하여 유료전화 서비스인 700전화 서비스는 시도 때도 없이 운세풀이를 해주고 있다. 사회가 어수선하고 젊은이들의 취업난이 가중되며 한 치 앞을 내다볼 수 없는 상황이 극심해질수록 오프라인이든 온라인이든 운세풀이 이용자는 더욱 급증할 것이다. 사람들은 정신적인 허전함과 어디엔가 의지하고 싶은 마음에 점이나 운세풀이를 보지만, 이것은 근원적인 치유방법이 아니라는 것을 조금만 의식하면 분명하게 알 수 있다. 이것은 사회를 불안하게 하고 장래를 보장해주지 않는 혹세무민의 행위일 뿐이다.

그렇다면 크리스천들은 자신의 미래를 어떻게 예측하고 준비하며 살아야 할까? 어떤 의미에서는 '미래는 전혀 알 수 없는 것이다.'라고 말해야 옳다. 왜냐하면 온 우주의 미래뿐만 아니라 한 사람 한 사람의 미래는 모두 하나님의 섭리 아래 있기 때문이다. 다시 말하면 우리의 미래는 하나님의 주권 아래 있기 때문에 그 누구도 예측할 수 없다는 것이다. 그러나 역설적인 것 같지만 하나님의 사람들은 자신을 향한 하나님의 뜻이 미래에 어떻게 진행될지 늘 확인해야 한다. 장래에 바른 결정을 하고 바른 삶을 살기 위해서 하나님의 뜻을 발견하는 일은 꼭 필요하다. 여기에서 우리에게 요청되는 것이 기도다. 그래서 사도 바울은 우리의 미래와 관련해서 다음과 같이 말한다.

"아무 것도 염려하지 말고 오직 모든 일에 기도와 간구로 너희 구할 것을 감사함으로 하나님께 아뢰라 그리하면 모든 지각에 뛰어난 하나님의 평강이 그리스도 예수 안에서 너희 마음과 생각을 지키시리라"(빌립보서 4:6~7).

어쩌면 사방이 꽉 막힌 것과 같은 현실적 상황에서 미래의 빛을 조금이라도 볼 수 있으면 좋겠다는 간절한 기대를 가지고 이리저리 기웃거리는 것은 인간적으로 아주 자연스러운 일일지도 모른다. 그러나 미래가 하나님의 주권 아래 있는 것이라면 우리가 취해야 할 행동은 자명해진다. 주권자를 의지할 수밖에 없다면 주권자이신 하나님께서 그분의 뜻을 분별할 수 있도록 제시해주신 기도자의 삶을 살아야 하는 것이다.

그래서 구약의 지혜서인 잠언의 저자는 다음과 같이 말한다.

"사람이 마음으로 자기의 길을 계획할지라도 그 걸음을 인도하는 자는 여호와시니라"(잠언 16:9).

미래를 향한 선택을 해야 할 때마다 적어도 이 말씀을 묵상하고 있다면 무익한 방향으로 움직이지는 않을 것이다. 이런 점에서 찬송가 429장은 한 치 앞을 내다볼 수 없는 우리의 고백을 다음과 같이 압축하여 정리해주고 있다.

내 갈 길 멀고 밤은 깊은데 빛 되신 주
저 본향 집을 향해 가는 길 비추소서
내 가는 길 다 알지 못하나
한 걸음씩 늘 인도하소서

중요하고 큰 일만이 아니라 사소한 미래의 일이라 해도 과연 주권자이신 하나님께 맡기고 있는지 점검해보자.

37 인생의 황혼을 대비하고 있는가

　온갖 정성을 쏟아 자녀들을 키워놓아도 그들은 성인이 되면 대처(大處)로 나가버리고, 집 안에는 그저 덩그러니 노부부밖에 남지 않는 상황이 대부분의 가정들이 처한 현실이다. 이런 상황을 일컬어 '빈둥지(empty nest)'라는 말까지 생겼다. 암컷이 낳은 알을 부부새가 열심히 품어 부화시키고 지극 정성과 사랑을 쏟아부어 키우지만 새끼들은 어느 정도 자라면 훌쩍 부모를 뒤로하고 제 갈 길로 떠나버린다. 최근에 이런 일을 겪었을 우리네 부모님들의 심정이 과연 어떠했을지 생각해보면 마음 한 구석 깊은 곳에서 아려오는 느낌을 지울 수 없다.

　통계청이 2002년 9월 12일 발표한 "2000년 인구주택총조사에 대한 종합연구결과"에 나온 노령화에 관한 수치를 보면 65세 이상 노인 다섯 명 중 한 명은 기초생활보호대상자이고, 65세 이상 노인 가운데 자녀 없이 사는 비율이 1980년에는 19.5퍼센트에 불과했는데 2000년에는 절반이나 되는 50.9퍼센트로 증가했다. 실제로 '빈둥지' 상황이 벌어지고 있는 것이다. 여기에 더하여 총인구에서 65세 이상이 차지하는 비중은 2001년 7.6퍼센트에서 2020년에는 15.1퍼센트로 급속하게 늘어났다. 결과적으로 볼 때 한국 사회는 세계에서 가장 빠른 속도로 '노령화 사회'로 진입하고 있다. 그리고 평균수명 또한 1971년에는 62.3세였는데 2000년에는 75.9세로 늘어났고, 이대로 나가면 2020년에는 80.7세로 80세를 넘을 것으로 추정된다.

지나치게 나이 먹는 것을 두려워해야 할 시기도 아니지만, 이와 같은 통계청의 보고는 우리의 부모 세대와는 또 다른 양상이 우리 앞에 펼쳐지고 있음을 충분히 예견하게 해준다. 노인복지학을 전공한 전문가들의 말을 들어보면 평균수명이 60세 정도로 짧을 때는 자기 자신이나 배우자의 노후를 특별히 준비할 필요가 없다고 한다. 또 일부 장수(長壽)하는 경우라 하더라도 여러 자녀가 노후를 분담하는 미풍양속이 있기 때문에 가족은 물론 국가 전체로도 그다지 걱정할 사회문제는 아니었다는 것이다.

그러나 평균수명이 80세를 넘게 되면 문제는 크게 달라진다고 한다. 일반 직장인들의 평균퇴직연령을 높게 잡아 60세로 보더라도 퇴직 후 적어도 20년, 곧 제3의 인생을 살아갈 계획을 세워야 한다는 것이다. 또한 주지하고 있는 사실이지만 부부당 자녀수가 이미 평균적으로 한 명 혹은 두 명 이하인 현실을 감안한다면 자신의 노후를 몇 안 되는 자녀에게 내맡긴다는 것도 매우 불안한 상황임에 틀림없다.

실제로 통계에 의하면 사회 전체적으로도 15세에서 64세의 생산능력이 가능한 인구 열 명이 부양해야 할 노년인구(65세 이상)가 2000년에는 1.01명이지만 2020년이 되면 2.13명으로 늘어나고, 2030년이면 3.57명으로 늘어날 전망이라고 한다. 그래서 그런지 이미 장수국가로 널리 알려진 일본에서는 학교 졸업 후 직장에 취직하면 종신보험부터 가입하기 때문에 종신보험 가입률이 세계 최고를 자랑하고 있다고 한다.

　삶의 전선에 전진배치되어 있는 30대가 인생의 황혼기를 어떻게 준비해야 할 것인지에 대해 신경을 써야 한다는 것은 일면 성급한 이야기 같기도 하다. 그러나 분명한 것은 의학기술의 발달로 평균수명이 점점 연장됨에 따라 노후기간도 연장되는 상황이 이미 현실로 다가왔다는 것이다. 이런 의미에서 제3의 인생이라고 부르는 은퇴 후의 삶을 더욱 보람 있고 하나님의 뜻을 이루는 인생으로 살고자 한다면 미리 점검과 준비가 필요하다.

　이것은 노후에 경제적 윤택함을 지속적으로 누리기 위해 일본 사람들처럼 노후를 위한 종신보험이나 연금에 가입하는 것만을 의미하는 것은 결코 아니다. 어떻게 하면 은퇴 후에도 받기만 하는 삶이 아니라 나 자신과 나를 둘러싸고 있는 주위 사람들이 지속적으로 더 나은 삶을 살 수 있도록 도움을 주며 살 수 있을 것인가에 대한 문제다. 그러기 위해서는 30대 시절에 하나님께서 우리에게 베풀어주신 여러 가지 교육과 훈련의 기회를 십분 활용해야 한다. 그리고 주어진 시간의 풍성함 속에서 그 시간을 통해 나에게 주신 하나님의 소명을 적실하게 이룰 수 있는 능력을 갖도록 준비해야 한다.

　평균수명 60세 시대가 '노세, 노세, 젊어서 노세.'였다면 평균수명 80세 시대는 '일하면서 노세, 늙어서까지 일하면서 노세.'가 돼야 한다는 말이 있다. 이런 점에서 사도 바울은 에베소서 5장 16절에서 그리스도인들을 향해 "세월을 아끼라 때가 악하니라"고 말씀하는데, 이 말씀을 NIV성경은 더욱 실감나게 다음과 같이 표현하였다.

"Making the most of every opportunity, because the days are evil."
나의 호흡이 끝나는 그 시간까지 보람 있는 삶을 살기 위해 나는 지금 나에게 남아 있는 시간과 젊음과 기회를 어떻게 십분 활용하고 있는지 점검해보자.

영성의 영역에서

기왕에 크리스천이 되었다면 날마다 성숙의 길로 달려가기 위한 노력을 게을리 해서는 안 된다.

그러나 영적인 성숙이 더디다고 해서 실망할 필요는 없다. 중요한 것은 얼마나 빠른 속도로

자라는가보다 진정으로 바르게 자라가고 있는지를 항상 살펴보아야 한다는 것이다.

진정한 믿음이 있는가

　크리스천으로서 신앙생활을 할 때 가장 중요한 일은 자신이 진정한 믿음을 갖고 있는지 아니면 거짓 믿음을 갖고 있는지 점검하는 일이다. 먼저 믿음과 관련하여 재미있는 글을 소개한다.

　시골 장바닥에서 몇 가지 채소를 놓고 파는 한 할머니가 성경을 읽고 있었다. 마침 출애굽기를 읽어나가던 중에 하나님께서 큰 동풍으로 바닷물을 물러가게 하시고 홍해를 갈라지게 하신 대목에 이르렀다. 물이 양 옆으로 물러서고 그 사이로 몇 십만 명이나 되는 이스라엘 백성들이 홍해를 마른 땅처럼 건넜다는 말씀을 읽으면서 할머니는 그만 가슴에 넘치는 뜨거운 감격을 참지 못하고 주위 사람들이 다 들을 만큼 "할렐루야"라고 큰 소리로 외쳤다. 사람들이 수군거리고 있을 때 마침 그 옆을 지나던 한 신학자가 그 소리를 듣고는 좀 가소롭다는 듯이 할머니에게 다가와서 무엇 때문에 그렇게 큰 소리로 할렐루야라고 외쳤는지 물었다. 할머니는 하나님께서 홍해를 갈라지게 하시고 이스라엘 백성들이 마른 땅처럼 홍해를 건넜다는 것이 너무나 은혜스러워서 그랬노라고 신이 나서 얘기했다. 이 말을 들은 신학자는 "성경은 배경을 잘 알고 읽어야 하는데 당시에 홍해는 깊이가 10센티미터 정도밖에 되지 않았기 때문에 이스라엘 백성들이 홍해를 건넌 것은 당연할 일이었습니다."라고 면박주듯이 말했다. 잠시 머뭇거리던 할머니는 다시 성경을 계속해서 읽다가 "할렐루야"라고 더 크게 소리를 질렀다. 멀리 떨어져 있는 신학자가 이 소리를 듣고 다시 되돌아와 무엇 때문에 또 그렇게 소리를 질렀느냐고 물었다. 그러자 할머니는 "여기 보십시오. 하나님은 깊이가 10센티미터밖에 안 된다는 그 물을 가지고 애굽의 바로 군대를 다 덮어버리고 하나도 남기지 않으셨답니다!"라고 대답했다.

우스갯소리로만 치부하기에는 무엇인가 가슴에 여운이 남는 이야기다. 사실 크리스천이라고 하지만 그리스도를 향한 나의 믿음이 참된 것인지 아닌지에 대해서 무감각한 경우가 많은 것은 사실이다. 교회에 나가면 귀에 못이 박히도록 듣는 이야기가 "예수 믿어야 한다."는 말이니 믿음이란 단어에 대해 매너리즘을 느낄 수도 있다. 그러나 우리가 크리스천, 곧 믿음 생활을 하는 사람이라고 할 때 '믿음'이란 단어를 다른 그 무엇보다 중요하게 여겨야 하고, 또 그것이 진정한 것인지 아닌지 부단히 점검해야 한다.

대부분의 사람들은 다른 사람들로부터 '능력 있는 사람'이라거나 '가진 것이 많은 사람'이라고 평가받는 것에 대해서 기뻐한다. 그러나 크리스천이란 엄밀한 의미에서 이 세상이 끝이 아니라 '영원한 세계'가 있다는 사실을 알고, 영원한 세계를 이 땅에서 준비하는 인생을 사는 사람이라고 말할 수 있다. 그러므로 영원한 세계를 준비하는 인생을 산다고 할 때 가장 중요한 것은 실력이나 재력, 그 밖의 다른 능력이 아니라 바로 영원한 세계를 준비하신 그리스도를 믿는 믿음이다.

학창시절에 누가 보아도 공부를 정말 잘했던 친구라고 해서 사회에 진출한 후에 반드시 능력 있는 사람이 된다는 보장은 없다. 오히려 학교 다닐 때는 눈에 띄지도 않고 별 볼일 없었지만 사회에 진출한 후에 능력을 십분 발휘하는 친구들을 보게 된다. 그래서 〈행복은 성적순이 아니잖아요〉라는 영화가 나왔는지도 모른다. 어쨌든 다른 사람들보다 더 잘 살고 더 많이 벌고 더 존경받는 것도 이 세상을 살아가는 동안에는 중요하고 가치 있는 것들이겠지만, 우리가 궁극적으로 들어가야 할 영원한 하나님 나라를 중심으로 생각해보면 우리가 스스로 가질 수 있는 인간적인 능력은 별로 도움이 되지 않는다는 사실을 쉽게 발견할 수 있다. 다시 말하면 영혼의 문제에는 아무런 영향력을 행사할 수 없다.

이 부분에 대해서 예수님은 직설적으로 마가복음 8장 36절에서 "사람이 만일 온 천하를 얻고도 제 목숨을 잃으면 무엇이 유익하리요"라고 말씀하신다. 분명한 것은 영혼을 소유한 우리에게는 지금 살고 있는 이 세계가 전부가 아니라는 것이다. 우리에게 중요한 것은 눈에 보이는 세상이 아니라 지금은 보이지 않는다 해도 그 존재를 부정할 수 없는 영원한 세계다. 이 영원한 세계에서 영원히 복된 삶을 살기 위해 준비하는 삶이 바로 신앙생활이다.

어린 시절부터 교회에 다닌 이들이라면 귀가 닳도록 들었던 "하나님이 세상을 이처럼 사랑하사 독생자를 주셨으니 이는 저를 믿는 자마다 멸망치 않고 영생을 얻게 하려 하심이니라"(요한복음 3:16)는 말씀을 익히 알 것이다. 영생의 비결은 다른 데 있지 않다. 예수를 믿는 것 외에는 다른 방도가 없는 것이다.

그런데 문제는 입술로만 하는 고백이 아니라 참된 믿음이 되기 위해서는 구체적인 믿음의 표현이 따라와야 한다는 점이다. 이렇게 말할 수 있는 근거는 한 부자 관원이 예수님을 찾아와서 대화를 나눈 마태복음 19장을 보면 쉽게 확인할 수 있다. "어떻게 해야 영생을 얻겠습니까?"라는 관원의 질문에 예수님은 "네가 생명에 들어가려면 계명들을 지키라"(17절), "네가 온전하고자 할진대 가서 네 소유를 팔아 가난한 자들을 주라 그리하면 하늘에서 보화가 네게 있으리라 그리고 와서 나를 좇으라"(21절)고 말씀하셨다.

사람이 하나님의 계명을 완전히 지키기는 불가능하다. 그래서 예수님은 두 번째 요구를 하신 것이다. 예수님께서는 진정한 믿음의 표현을 요구하신 것인데, 그는 재물을 포기하고 예수님을 따르라는 말씀으로 해석했다. 그래서 예수님의 요구에 대한 부자 관원의 응답은 재물(자신이 귀하게 여기는 것)을 포기하지 못하고 결국 돌아가는 것(그리스도를 믿지 못한 것)으로 끝이 난다.

믿음을 표현하는 것은 제각기 다를 수 있다. 예수님보다 자신에게 주어진 재물을 사랑했던 부자 관원에게는 그가 가진 것을 포기하는 것으로 나타날 수 있고, 그리스도인으로서 덕을 세울 수 없는 직업에 종사하는 사람이라면 그 직업을 포기하는 것으로 진정한 믿음이 표현될 수도 있다. 이런 의미에서 크리스천으로서 다시 한 번 나의 삶을 통해 진정한 믿음이 표현되고 있는지 점검해보자.

하나님과 동행하는 삶인가

자녀들 가운데 유난히 겁이 많은 아이가 있다. 혼자 자라고 하면 절대로 혼자 자지 않고 부모가 지척에 있는 것을 확인한 연후에야 잠을 청하는 자녀 때문에 곤혹스럽기도 하지만, 한편으로는 부모의 존재를 다시 한 번 확인시켜주는 것 같아 빙그레 웃음이 나올 때도 있다. 인생길을 가는 우리에게도 이런 아이들과 같은 자세가 필요하다. 비단이 쫙 깔린 것처럼 전혀 요철도 없고 고통도 없는 길이라면 좋겠지만 모든 사람이 인정하듯 인생길이 험악한 광야길인 것만큼은 부정할 수 없다. 그래서 그런지 서점 한켠에 자리하고 있는 '처세'에 관한 책들은 나날이 그 종수가 늘고 있다.

실제로 이런 방법으로 살면 부자가 될 수 있다는 책들이 하루에도 몇 권씩 쏟아져나오는 상황에서 우리 시대 모든 아버지의 가슴을 설레게 만든 책이 시리즈로 출간되었다. 로버트 기요사키가 쓴 《부자 아빠 가난한 아빠》라는 책인데 단순히 책으로서만이 아니라 오디오북으로도 출간되어 1권은 출간 3개월 만에 18만 부나 팔렸다고 한다. 사실 '부자' 운운하는 제목의 책이 나오면 몇 년 전까지만 해도 돈에 눈이 먼 사람들만 읽는 것으로 경멸하기 일쑤였지만 최근에는 일부 대학에서 경영학과 리포트 주제로까지 채택하고 있다. 아마도 이 책이 이렇게 인기를 끌게 된 비결은, 사람들이 더 편안해지기 위해서는 물질을 더 많이 가져야 하는데 그러기 위해서는 어떻게 적극적으로 행동해야 하는지를 설득력 있게 기술했기 때문일 것이다.

그러나 다시 한 번 곰곰이 생각해보자. 과연 무엇이 인생의 맛을 조금 알기 시작한 서른 고개를 넘어선 우리의 삶을 풍요롭게 만들 수 있을까? 성경은 헉헉거리며 인생길을 달리는 30대들에게 귀중한 단서를 제공한다. '하나님과 더불어 동행하는' 인생을 살았던 사람은 다른 어느 인생과도 비교할 수 없을 만큼 풍요로운 삶을 살았다는 사실이다.

이스라엘 백성들은 출애굽하여 홍해를 건너 가나안 땅에 들어가기까지 40년 동안이나 광야길을 걸었다. 그들이 걷는 길이 광야길인 이상 결코 편안한 길은 아니었다. 어쩌면 우리 인생도 마찬가지인지 모른다. 때로는 깊은 웅덩이가 있고 건널 수 없을 것 같은 홍해와 같은 장애물이 놓여 있을 수도 있다. 물려받은 것도 하나 없고 모아놓은 것도 없이 일평생 가난을 업으로 삼고 살아갈 수도 있고, 체질적으로 병약해서 아픈 몸을 이끌고 하루하루를 간신히 버티는 삶을 살 수도 있다. 또 어떤 인생은 건강하고 부유하게 살다가 갑자기 삶의 풍랑을 만나서 하루아침에 인생이 초토화될 수도 있다. 각자의 인생이 모두 다른 것 같지만 이스라엘 백성들이 광야길을 간 것과 별반 다르지 않다고 보아도 틀리지 않을 것이다.

그렇다면 광야와 같은 인생길을 가는 동안 무엇을 가장 귀하게 여겨야 할까? 광야길을 가는 이스라엘 백성들의 삶을 통해서 분명하게 확인할 수 있는 것은 하나님이 그들과 함께하셨다는 사실이다. 그들은 낮에는 구름기둥으로, 밤에는 불기둥으로 함께하시는 하나님을 매순간 체험하면서 그 사실을 근거로 삼아 약속의 땅까지 갈 힘을 얻었다. 그러므로 광야와 같은 인생길을 걷고 있는 우리는 어떤 처세술이나 자기경영에 관한 지식보다도 하나님과 항상 동행하고 있는가를 최우선으로 점검해야 한다.

감리교 창시자 요한 웨슬리는 임종을 앞두고 마지막 숨이 끊어지기 전에 감격에 넘치는 목소리로 "하나님이 우리와 함께하시는 것이 세상에서 제일 좋은 일이다."라고 외쳤다. 이즈음에서 969세로 이 땅에서 제일 오래 산 사람으로 성경에 기록된 므두셀라보다는 365년 짧은 생애를 살았지만 하나님과 동행하는 사람으로 기록되어 있는 에녹의 삶이 더없이 부러워진다.

우리는 "하나님께서 항상 나와 함께하신다는 믿음을 가지고 살아가고 있는가?"라고 자문자답할 필요가 있다. 왜냐하면 주님께서 "볼지어다 내가 세상 끝날까지 너희와 항상 함께 있으리라"(마태복음 28:20)고 임마누엘의 약속을 하셨기 때문이다.

40 주일을 주일답게 지키는가

한국 교회에서 신앙을 견지하는 이들에게 신앙의 가장 적극적인 표현으로 이해되는 것은 술 담배 문제와 주일성수의 문제다. 그런데 사회가 점점 다양해지고 여러 종류의 직업이 생기면서 주일과 평일을 구분하기 어려운 상황이 많아지고 과중한 업무로 주일 하루 정도는 쉬면서 스트레스도 풀고 어느 정도 여가를 즐기는 것도 필요하다는 인식이 점차 확산되고 있다. 항상 교회에 가면 목사님이 주일성수의 중요성에 대해서 극단적으로까지 강조하지만 주일을 지키는 일이 과거에 비해 힘들어진 것만은 사실이다.

따라서 점점 다원화하고 복잡한 사회적 상황 속에서 주일을 주일답게 지킨다는 것은 과연 어떤 의미이며, 직장에서 직급은 점점 높아지고 가용할 수 있는 절대시간이 점점 줄어드는 상황에서 주일성수 개념을 어떻게 이해해야 할 것인지는 이만저만한 고민이 아닐 수 없다. 어떤 이들은 이런 질문 앞에 주일성수 개념은 율법적인 것이기 때문에 신약시대인 지금은 자유롭게 처신하는 것이 좋다는 입장을 취하면서 주일성수에 대한 개념을 희박하게 갖기도 한다. 또 한편으로 어떤 이들은 주일성수 자체가 신앙의 절개를 지키는 것이라는 단호한 인식을 가지고 주일을 지키지 못하는 직업이라면 아예 갖지 않으려는 이원론적인 입장을 취하기도 한다. 양극화한 이런 사고 속에서 사실 헤맬 수밖에 없는 것이 오늘날 우리 크리스천들의 현실이다.

그러나 모든 것을 차치하고 일단 생각해두어야 할 것은 엿새를 일하고 하루를 안식하는 것은 하나님의 창조섭리라는 사실이다. 러시아에서 공산혁명이 일어난 후에 레닌은 노동생산성을 높인다는 미명(저의는 기독교 말살이었다.) 아래 7일간 일하고 하루를 쉬게 하는 정책을 단행했다. 그러나 그 결과 생산성이 높아지기는커녕 오히려 30퍼센트나 낮아졌다. 그래서 다시 5일간 일하고 하루를 쉬는 정책을 시행했지만 이것 역시 생산성을 높이지는 못했다. 그래서 할 수 없이 엿새를 일하고 하루를 쉬는 원래의 방식으로 되돌아갔다.

현대사회에서도 이것은 똑같이 적용될 수밖에 없다. 일중독증에 걸린 사람들이 단기적으로는 높은 생산성을 유지할지 모르지만 긴 안목으로 내다본다면 열심히 일한 뒤에 하루를 안식하는 것은 필수적이다. 그러므로 창조주 하나님께서 창조사역을 힘써 행하신 뒤에 안식하셨다는 것은 오늘을 사는 우리에게 분명히 시사하는 바가 크다.

이런 점에서 다원화한 사회에서 주일을 주일답게 지키기 위해서는 몇 가지 각오가 있어야 한다. 무엇보다 먼저 나를 위해 투자하는 시간을 희생할 각오가 필요하다. 오락이나 여가를 위해 들이는 시간과 스트레스를 푸는 데 사용하는 시간을 질적으로 사용하고 그것들을 포기하는 신앙적인 결단이 있어야 비로소 주일을 주일답게 지킬 수 있는 시간을 확보할 수 있다. 주님을 사랑하는 표현으로 주일에 교회에서 예배드리고 말씀을 가르치는 일로 얼마든지 스트레스를 풀 수 있다는 선배 신앙인들의 이야기를 경청할 필요가 있다. 같은 맥락에서 주일에 잔업이 많은 직장이라면 주일 외에 다른 휴일, 특히 다른 사람들이 일하기 싫어하는 명절에 근무를 자청하는 방법 등을 통해서라도 희생을 각오하면 얼마든지 주일을 지킬 수 있다. 점점 쉽고 편하게 생활하려는 흐름 속에서 신앙을 유지하기 위해서는 조금은 힘들지만 주일을 지키는 데 열심을 낼 필요가 있다.

그리고 여기에 한 걸음 더 나아가 생각해야 할 것은 지나치게 이원론적으로 생각해서는 곤란하다는 점이다. 예배드리는 것 외에는 모두 속된 일이라고 생각하고 주일을 지키기 어려운 직업을 아무도 갖지 않는다면 온 천하에 다니며 복음 전할 것을 요청하신 주님의 지상명령은 결코 이루어지지 않을 것이다. 이런 점에서 이원론에 빠지지 않고 직장 일도 '주님께 하듯 해야 한다.'는 사실을 안다면 때로는 필요에 따라서 주일임에도 불구하고 일을 해야 할 수도 있기 때문이다.

그러나 이런 상황에서 잊지 말아야 할 사실은 세상과 타협하지 않기 위해 필요한 영적 지혜를 지속적으로 공급받을 수 있는 경건생활을 게을리하지 말아야 한다는 점이다. 그럼에도 불구하고 계속적으로 주일을 지키지 못해서 신앙생활에 문제를 느낀다면 부서를 옮기거나 경우에 따라서는 직장이나 직업을 바꾸는 것도 필요하다.

사실상 주일성수의 핵심은 주일에 일해도 되느냐 안 되느냐의 문제이거나 혹은 주일에 열심을 기울여야 할 예배와 봉사로 인해 다른 날들은 적당히 살아도 된다는 것이 아니라, 하나님의 창조질서를 따라 열심히 일한 사람들이 하나님께 바람직한 예배를 드리면서 쉬는 것이라고 할 수 있다.

41 교회봉사를 어떻게 하는가

오래 전 QT전문잡지에 다음과 같은 글이 실렸다.

어느 날 척 스윈돌이 설교 도중에 다음과 같은 말을 했다. "제가 여러분에게 질문을 몇 가지 하겠습니다. 여러분의 기억력을 십분 활용해서 제가 묻는 다음 질문들에 대해 정답을 말씀해보십시오."

- 누가 마틴 루터에게 신학을 가르쳤습니까?
- 누가 신발가게에서 일하고 있던 무디를 찾아가 그에게 예수를 소개 했습니까?
- 찰스 해든 스펄전의 아내는 누구입니까?
- 이십 년 이상 빌리 그래함 목사를 위해 신실하게 기도했던 여인은 누구입니까?
- 인도에서 사역했던 윌리암 캐리의 재정 후원자는 누구입니까?
- 바울이 로마 감옥에 갇혀서 디모데에게 마지막 편지를 쓰고 있었을 때 그를 위로했던 사람은 누구입니까?

- '중국내륙선교회'의 회장으로서 허드슨 테일러와 동행했으며, '중국내륙선교회'에 놀라운 비전과 방향성을 제시했던 인물은 누구입니까?
- 조지 뮐러를 제자로 삼고 방탕했던 생활에서 건져낸 사람은 누구입니까?

위의 질문들 중에서 정답을 몇 개 맞혔습니까? 이러한 무명 인사들(아무도 거들떠보지 않았던 사람들)이 없었다면 오늘날의 교회사에는 큰 공백이 있었을 것이고, 수많은 사람들에게 예수님의 이름이 전해지지 않았을 것입니다.(로버트 서, 〈생명의 삶〉)

교회의 성숙을 위해서 목회자는 두말할 것도 없이 절대적으로 필요한 사람이다. 그리고 주님의 교회가 수행해야 할 복음적 사명을 제대로 감당하기 위해 헌신하고 봉사하는 성도들의 존재 역시 동일하게 중요하다. 30대가 되면서 사회적으로 점점 책임 있는 위치에 서게 되고, 일할 분량이 기하급수적으로 늘어나면서 교회봉사 자체에 대해 회피하고 싶은 생각이 많이 드는 것은 사실이다. 그래서 현실적으로 연말마다 교역자들이 성가대, 주일학교 교사, 교통봉사 등을 의뢰해오면 피하고 싶다. 따지고보면 주중에는 홍수같이 밀어닥치는 일로 인해 시달리고, 안식일까지 일에 내몰린다는 것은 분명 내키지 않는 일이기 때문이다. 게다가 '충성'이나 '헌신'이라는 말까지 들으면 아연실색할 수도 있다.

어느 공동체나 마찬가지겠지만 사실 핵심 인원은 그리 많지 않다. 그리고 대부분의 구성원들은 구경꾼일 가능성이 크다. 교회 공동체도 예외 없이 이런 양상을 띠기는 마찬가지다. 어느 미국 신학자는 교회 구성원들의 분포를 분석하면서 10퍼센트의 고도로 헌신된 핵심교인이 있고, 그 주위를 둘러싸고 30퍼센트의 신자들이 있으며, 나머지 60퍼센트는 '흔들의자에 앉아 있는 사람들'이라고 표현하기도 했다. 전체 교인 가운데 신앙심이 약한 성도가 약 60퍼센트 정도가 된다는 말이다.

'나는 지금 여건이 안 되어 못하지만 조금 더 시간적으로나 여러 모로 여유가 생기는 40대나 50대가 되면 충실하게 봉사하겠다. 일단은 주일예배만 드릴 수 있게 해달라.'고 말하는 30대들을 종종 볼 수 있다. 일면 맞는 말이다. 엿새 내내 숨쉴 틈 없이 일만 했는데 하루 정도는 안식해야 하는 것이 창조질서의 원리이기 때문이다. 그러나 주일예배만 드리고 온데간데없이 사라져버리는 것은 결코 바람직한 크리스천의 모습이 아니다.

물론 지나치게 일을 많이 맡아서 그것이 짐이 되는 것도 바람직하지 않다. 그러나 무엇보다 주요하게 기억해야 할 사실은 교회는 우리 모두가 함께 세워나가야 할 주님의 몸이라는 것이다. 하나님께서 우리에게 교회를 섬기기에 적절한 은사를 주신 것은 그것을 통해 영광받으시기를 원하고, 그 은사를 교회 내의 다른 공동체 구성원들을 향해 사용하라는 특권과 책임을 주신 것으로 이해해야 한다.

성가대 활동을 통해 하나님께 찬양을 드리면서, 다른 성도들이 예배를 잘 드릴 수 있도록 도우면서, 아이들을 가르치면서, 주방에서 음식을 만들면서, 주차관리를 하면서 만족과 기쁨을 얻을 수 있어야 하는 것이다. 다시 말하면 자신에게 주어진 은사를 적절히 사용하여 오히려 교회를 향한 섬김을 통해 쉼과 회복을 얻을 수 있는 기회로 삼아야 하는 것이다. 이런 점에서 사도 베드로의 말씀을 기억할 필요가 있다.

"각각 은사를 받은 대로 하나님의 각양 은혜를 맡은 선한 청지기같이 서로 봉사하라 만일 누가 말하려면 하나님의 말씀을 하는 것같이 하고 누가 봉사하려면 하나님의 공급하시는 힘으로 하는 것같이 하라 이는 범사에 예수 그리스도로 말미암아 하나님이 영광을 받으시게 하려 함이니 그에게 영광과 권능이 세세에 무궁토록 있느니라 아멘"(베드로전서 4:10~11).

42 빛과 소금의 삶을 살고 있는가

마틴 루터 킹 목사는 《한밤의 노크소리》에서 두 종류의 무신론자를 지적한다. 한 부류는 '고백적 무신론자'이고 또 다른 부류는 '실천적 무신론자'다. 일단 하나님을 향한 신앙고백을 제대로 하지 못하는 것은 분명히 무신론자다. 그러나 다른 한편으로 신앙고백은 잘하더라도 삶 속에서 그리스도의 향기를 전혀 나타내지 못하는 것 역시 능력 없는 그리스도인, 엄밀하게 말한다면 다른 사람들이 그가 신앙인인지 아닌지를 전혀 파악할 수 없다는 점에서 무신론자와 거의 다를 바 없다고 해도 틀린 말이 아니다.

오랫동안 교회에 다녔음에도 불구하고 자신이 크리스천임을 밝히기를 꺼리는 이들을 종종 만난다. 그들은 만약 자신이 예수 믿는다는 사실을 밝히면 불이익을 당할 수도 있고, 또 한편으로 자신과 같은 사람이 예수 믿는다고 표를 내면 예수님께서 공연히 욕을 먹지 않겠느냐는 핑계를 대기도 한다. 그러나 이유야 어떠하든 크리스천은 교회 안에서만 크리스천이어서는 곤란하다. 익히 아는 마태복음 5장 13절에서 14절의 "너희는 세상의 소금이니 소금이 만일 그 맛을 잃으면 무엇으로 짜게 하리요 후에는 아무 쓸 데 없어 다만 밖에 버리워 사람에게 밟힐 뿐이니라 너희는 세상의 빛이라"는 말씀은 크리스천들이 어디에서 빛이어야 하고 어디에서 소금이어야 하는가를 확실하게 보여준다.

한국 사회에서 여러 가지 비리사건이 터질 때마다 많은 경우 그곳에는 교인들이 연루되어 있었고, 특별히 교회에서 중요한 직분을 맡아 섬기는 자들이 그 한복판에 있었다. 그래서 어떤 언론사에서는 "대형비리의 한복판에 한국 교회가 서 있다."라고까지 자조적으로 기사를 쓰기도 했고, 신자가 아닌 사람들 가운데는 "예수님은 좋은데 교회는 싫다. 예수님은 좋은데 그리스도인은 싫다."라고 말하는 사람이 생기기 시작했다. 그래서 사회적 물의를 일으키는 사건이 터질 때마다 뜻있는 교계 지도자들은 이번에도 기독교인들이 연루된 것은 아닌가 하며 가슴을 졸인다. 슬픈 현상이지만 부정할 수 없는 현실이고, 이로 인한 기독교의 사회적 영향력 감소에 대한 우려의 목소리가 그 어느 때보다도 높은 것이 사실이다. 교회에서는 경건한 모습을 유지하지만 교회 밖으로만 나오면 경건의 능력은 고사하고 경건의 모양조차 보여주지 못하는 크리스천들이 한국 교회를 조롱하도록 만들고 있다.

교회를 중심으로만 바라볼 것이 아니라 눈을 들어 우리가 몸담고 있는 직장이나 더 넓게는 이 세상을 바라보아도 어느 곳 할 것 없이 모든 곳이 어둠에 둘러싸여 있고 사람들을 우울하게 만들고 있다. 이런 상황이지만 어두워진 마음에 빛을 환히 밝혀주는 말을 해주는 사람도 없고, 세상 살 맛을 느끼게 해주는 소금과 같은 역할을 해주는 사람도 거의 없다고 해도 과언이 아니다. 한 마디로 "믿을 놈 하나도 없다."는 이야기가 좀 거칠기는 해도 적절한 말이라고 생각한다.

그런데 성경은 이런 시대의 진정한 빛이 되고 소금이 되어야 할 사람들이 바로 우리 크리스천들이라고 주저 없이 증거하고 있다. 이 말씀에 근거해서 다시 한 번 정신을 가다듬고 생각해볼 때 교회가 세상 속에서 신뢰도를 회복하지 못하는 이유는 세상 사람들이 더 사악해졌기 때문이라는 외부적 요인에 있는 것이 아니라는 사실을 확인할 수 있다. 그리고 세상이 점점 어두워지고 살맛이 나지 않는 세상으로 왜곡되는 것도 결코 세상 사람들의 책임이 아님을 알 수 있다.

결국 교회 안팎에서 일어나고 있는 어두운 상황은 빛과 소금으로 살아야 할 우리 크리스천들이 빛된 삶을 살지 못했기 때문이요, 맛을 잃은 소금이 되었기 때문이다. 믿지 않는 사람들의 잘못이 아니라 바로 우리의 잘못으로 귀결되는 것이다.

이런 점에서 세상을 변화시켜야 할 크리스천들이 세상에 의해 오히려 그 맛이 변질되고, 더 극단적으로 표현하면 아예 먹지 못할 맛이 되고만 것에 대해 철저하게 자기반성을 해야 한다. 최소한 우리가 바로 살면 세상이 바뀐다고 성경은 모든 크리스천에게 엄위하게 말씀하고 있다. 그러므로 우리는 세상에서 주위 사람들에게 '착한 행실'을 보여줌으로써 진정한 빛과 소금으로 서 있는지 돌아보자.

영적 성숙을 위해 노력하고 있는가

　크리스천이 된다는 것은 결코 영적인 세상에 입문해서 초월자적인 삶을 사는 것만을 의미하지 않는다. "우리는 항상 하늘을 쳐다보아야 하지만, 지금 내 발이 땅을 딛고 서 있다는 것을 간과해서는 안 된다."는 말을 명심해야 한다. 성경은 여러 곳에서 크리스천들의 삶을 믿음의 경주로 표현하고 있고, 한편으로는 더욱 강한 표현으로 '그리스도의 좋은 군사'라고 일컫기까지 한다. 믿음의 경주를 해야 한다는 측면에서도 훈련을 전제하고, '군사'라는 표현 속에서도 강한 훈련이 필요하다는 것을 확인할 수 있는 셈이다. 특별히 믿음의 경주는 주님이 다시 오실 때까지 계속되는 평생 경주라는 특징이 있으므로 그리스도인의 훈련 역시 평생 훈련이어야 하는 것은 당연한 일이다.

　훈련받지 않은 군대가 전쟁에서 지리멸렬하게 될 것은 자명하다. 그러므로 크리스천들은 영적 성숙을 향해 부단히 노력해야 한다. 하나님을 갈망하며 자신의 죄와 하나님에 대해 민감한지, 자기중심성에서 벗어나 기꺼이 다른 사람을 용납하고 사랑하는 자리에 이르고 있는지, 하나님 말씀의 통치를 받으며 교회와 하나님나라에 대해 점점 더 많은 관심을 갖고 있는지 점검하며 그리스도의 장성한 분량에 이르기까지 자라기 위해 성숙을 향한 노력을 쉬지 않아야 한다.

실제로 영적 성숙을 위해 훈련받으려고 노력한다는 것은 새로운 생명을 얻은 이들이 자신의 삶 가운데 하나님의 임재하심을 경험하고자 노력하며 나아가 실제로 체험하는 것을 의미한다. 이런 사람들은 예수님을 알면 알수록 더욱더 알고 싶어하고, 자기중심적인 삶을 살기보다는 타자중심적인 삶을 살기 위해 노력한다. 한 마디로 매일매일의 삶에서 '하나님의 눈앞에서 산 자'라는 인식을 갖고 하나님과 하나님의 일들에 대한 생각들을 항상 염두에 두고 사는 것이다.

어떤 의미에서 영적 성숙을 위해 노력한다는 것은 하나님을 향하여 살아가겠다는 의지적 표현이라고 말할 수 있다. 성경의 진리를 깨닫는 새로운 통찰력으로 말씀을 통해 물질의 문제, 가족간의 문제, 기도 없는 삶에 대해 항상 자신을 채찍질해 복종시키는 삶으로 점진적으로 변화되는 것이 바로 영적 성숙의 결과다.

사도 바울은 성숙을 향해 나가고자 하는 이들에게 "경건에 이르기를 연습하라"(디모데전서 4:7)고 권면한다. 그런데 이 경건의 영역은 영적인 영역만이 아니라 전인격적 영역에서 경건의 모습을 유지하기 위해 최선을 다하라는 말로 재해석할 수 있다. 교회 생활을 수십 년이나 하고 믿음이 없는 것도 아닌데 왠지 모르게 주님과 하나님나라를 위해 헌신하는 데는 어설픈 모습을 보여주는 이들이 있다. 이유는 간단하다. 영적으로 배울 수 있는 기회를 많이 갖지 못했기 때문이다.

많은 그리스도인이 신앙고백을 하고 세례를 받으면 모든 것이 끝났다고 생각하는 경향이 있다. 그러나 배우는 일에 관한 한 우리는 많은 기회를 갖기 위해 적극적으로 노력해야 하고, 할 수 있는 한 시간을 따로 떼어놓아야 한다. 크리스천으로서 세례를 받고 신앙고백을 했다는 것은 학교를 졸업한 것이 아니라 이제 영적 성숙의 입문 과정에 들어섰다는 의미다. 교회생활을 오랫동안 한 사람들 가운데는 자신이 출석하는 교회에서 시행하는 모든 교육 프로그램을 이수했기 때문에 더 이상 배울 것이 없다고 말하는 이들도 있다. 그러나 만약 교회 내에서 영적 성숙을 위한 프로그램을 모두 이수했다면 선교단체를 통해서 훈련받는 것도 고려해볼 만한 일일 것이다.

분명한 것은 리로이 아임스가 쓴 책 제목처럼 그리스도인들은 결코 "훈련받지 않으면 쓰임받지 못한다."는 사실이다. 자신이 교회에 얼마나 오래 다녔고, 교회에서 얼마나 높은 직분을 차지하고 있는가는 엄밀한 의미에서 영적 성숙과 별반 관련이 없다. 그러므로 기왕에 크리스천이 되었다면 날마다 성숙의 길로 달려가기 위한 노력을 게을리해서는 안 된다. 그러나 영적인 성숙이 더디다고 해서 실망할 필요는 없다. 중요한 것은 얼마나 **빠른** 속도로 자라는가보다 진정으로 바르게 자라가고 있는지를 항상 살펴보아야 한다는 것이다.

44   진정한 예배자인가

어느 목사님이 예배에 참석하는 사람들을 다음과 같이 분류했다.

설교 시간에 멀거니 강단을 응시하는 '딴생각파', 주보에 밑줄 긋고 교정까지 보는 '일기파', 졸면서 끄덕끄덕 콤마를 찍는 '수면파', 수시로 시계를 들여다보는 '시간 절약파', 옆 사람과 글로 대화하는 '쪽지파', 예배 후에 있을 회의를 준비하는 '회의파', 성경읽기로 시간을 때우는 '실속파' 등이 있다.

당신은 어느 파에 속하는가? 이도 저도 아닌 '쪽파'인가? 어떤 의미에서 한국 교회는 예배지상주의에 얽매여 있는 것처럼 보인다. 교회 내의 모든 모임은 예배로 시작해서 예배로 끝난다. 교회 내에서만이 아니라 야외로 들놀이를 가더라도 예배로 시작해서 예배로 끝이 난다. 그러나 정작 심각한 문제는 예배가 많은 것이 아니라 형식적이고 요식행위로 대충 치러진다는 것이다. 심지어 구역의 서너 사람이 모인 소그룹 모임조차도 예배라고 인식하는 구역인도자들이 많다. 확신 없이 부르는 찬송, 냉랭하게 암송하는 기도문, 권세 있는 성경말씀이 선포되어야 할 설교 시간을 그저 세상의 잡다한 이야기를 엮어서 전달하는 식으로 채우는 예배는 상상만 해도 정말 끔찍하다. 게다가 몇 년이라도 교회출석을 한 이들이라면 판에 박힌 예배순서에 의해 언제 눈을 감고 잠을 청할 수 있고, 언제 눈을 다시 떠야 하는지를 알 수 있다. 그러다보니 우리가 적극적으로 예배에 참석하고 하나님의 임재를 느끼며 예배를 드리기란 그만큼 어려운 것이 현실이다.

하지만 크리스천으로서 예배는 필수적으로 하나님께 드려야 할 우리의 본분임을 생각할 때, 예배의 횟수나 형식을 따지기 이전에 예배드리는 자신의 자세가 어떠한가를 먼저 점검하는 것이 중요하다. 이는 나 자신이 예배자로서 예배를 드릴 때마다 살아 계신 하나님 앞에 서 있다는 의식을 갖고 신령과 진정으로 드리는가를 점검해야 한다는 말이다.

살아 있는 예배란 결코 일주일 중에 한 시간 드리는 예배를 통해 예배자들의 종교적인 욕구를 충족시키는 것으로 끝나는 것이 아니라는 점을 깊이 인식해야 한다. 주일예배를 통해 은혜를 받고 성령충만했다면 그것은 곧바로 자신과 이웃의 삶을 새롭게 하기 위해 세상을 향해 나아가는 자세로 이어져야 한다. 곧 전체의 삶이 항상 예배의 영역이어야 한다는 것이다.

그러므로 진정한 예배자가 되기 위해서는 형식에 입각한 예배를 드릴 때에도 신령과 진정으로 드려야 할 뿐만 아니라 일상생활 중에도 진정한 예배정신, 열렬한 신앙심, 하나님에 대한 임재의식 등을 불러일으키는 찬양, 말씀, 신앙심을 일깨우기 위한 상징들을 가져야 한다. 크리스천들은 예배와 관련하여 주로 형식에 익숙해 있기 때문에 형식조차 보장되지 않는 일상사 속에서 예배자로 서 있는 것은 분명히 어려운 일일 것이다. 특별히 내가 일하는 현장에서 예배 정신을 발휘하며 살아간다는 것은 보통 큰 도전이 아닐 뿐더러 예배 정신을 표현한다는 것이 어떤 양식으로 표현되어야 할지 모호한 것도 사실이다.

그러나 그리스도인들이 예배자로 서 있어야 할 자리는 단지 주일예배 드리는 예배당 의자의 한 자리가 아니다. 우리가 크리스천이기 때문에 하나님 앞에 예배자라는 것을 인식하고 있다면 나의 삶 전체를 하나님을 예배하는 삶으로 이해해야 한다. 예배자인 나 자신이 서 있는 곳이 바로 예배하는 현장임을 인식하는 것이 성경이 크리스천에게 요청하는 삶이다.

그러므로 주일예배를 준비하는 주간의 삶도 예배로 인식해야 한다. 이런 맥락에서 엿새 동안 힘써 일하면서 하나님을 섬긴 사람이라면 주일에 예배를 드릴 때 감격적인 예배를 드릴 수 있을 것이다. 실제로 예배 따로 삶 따로인 크리스천들이 대부분인 현실에서 나는 과연 진정한 예배자인지 다시 한 번 점검해보자.

찬양의 삶을 사는가

만약 세례를 받은 그리스도인이라면 세례받기 전에 공부할 때 목사님으로부터 "인생에서 제일 가는 목적이 무엇인가?"라는 질문을 받았을 것이다. 정답은 '하나님을 영화롭게 하는 것'이다. 하나님께서 자신의 형상으로 사람을 만드신 가장 중요한 목적은 그의 걸작품인(비록 죄 때문에 더렵혀진 걸작품이긴 해도) 우리를 통해서 찬양받기 위해서라고 할 수 있다. 달리 말하면 우리는 하나님의 창조 목적에 따라 하나님을 찬송하기 위해서 존재하는 것이다.

일반적으로 찬양에 대해 생각할 때 으레 노래를 잘하는 사람이 찬양을 해야 한다는 고정관념을 갖고 있다. 그래서 음악을 잘 하지 못하는 이들은 찬양을 하자고 하면 주눅이 들어 목소리가 기어들어가기 일쑤다. 물론 훌륭한 음악적 소양을 갖고 풍부한 성량과 윤기 나는 목소리로 찬양을 하는 것이 거칠고 음정과 박자도 제멋대로인 찬양보다 훨씬 듣기 좋은 것은 사실이다. 그러나 진정한 의미에서 그리스도를 높이는 찬양이 아니라면 제 아무리 훌륭한 음악이라고 해도 그것을 모두 찬양이라고 일컫기는 어렵다. 언젠가 유명한 한 찬양 사역자가 다음과 같은 간증을 했다.

"매일 계속되는 찬양집회에서 문득 제가 하고 있는 찬양이 무엇을 위한 찬양이고, 누구를 향해 하는 것인지 회의가 들었습니다. 매번 반복되는 찬양시간 때마다 그 시간에 찬양을 한다기보다는 제게 주어진 시간을 어떻게 효과적으로 잘 이끌 것인가에 더 관심이 많은 저를 발견하게 되었습니다. 그래서 저는 잠시 사역을 쉬면서 찬양의 진정한 의미를 회복하기로 했습니다."

노래를 하면서 하나님을 높이는 찬양의 본질에 온 마음을 집중하기보다는 자신에게 시간이 주어졌기 때문에 어쩔 수 없는 의무감에 사로잡혀 찬송보다는 말 그대로 입술로 노래만 하고 있는 자신을 발견했다는 말이다. 그러나 찬양의 본질을 이해한다면 찬양의 차원을 좀더 다르게 생각하고 우리의 삶에 적용할 수 있다. 사실 성경 전체를 살펴보면 찬양을 단지 노래나 음악적으로만 이해하고 있지 않은 것을 여러 곳에서 발견할 수 있다. 실례로 요한계시록에는 다음과 같이 기록되어 있다.

"내가 또 들으니 하늘 위에와 땅 위에와 땅 아래와 바다 위에와 또 그 가운데 모든 만물이 가로되 보좌에 앉으신 이와 어린양에게 찬송과 존귀와 영광과 능력을 세세토록 돌릴지어다"(요한계시록 5:13).

만물이 찬송한다고 할 때 그것이 꼭 음악적인 노래로서의 찬양이라고 말할 수는 없다. 이런 의미에서 노래하는 데 은사가 없고 음악에 문외한이라 해도 얼마든지 하나님께 찬양을 드릴 수 있고, 마땅히 찬양을 드리는 삶을 살아야 한다는 사실을 확인할 수 있다. 곧 구원의 감격을 체험한 그리스도인이라면 그 사람은 노래로 드리는 입술의 찬양도 최선을 다해 하나님께 드려야 하지만 동시에 그 삶 자체가 하나님을 영화롭게 하는 찬양의 삶이 되도록 해야 하는 것이다.

이런 의미에서 찬양을 노래든 삶이든 하나님을 높이는 것으로 이해할 때, 크리스천으로서 찬송이 삶 속에 자연스럽게 배일 수 있도록 늘 자신의 생활을 점검해야 한다. 우리는 찬양이 삶 속에 녹아들어 있을 때 하나님께서 베푸시는 기적을 맛본 신앙의 선배들을 많이 볼 수 있다. 일례로 바울과 실라가 옥에 갇힌 상황에서도 열심히 기도하고 하나님을 찬미했을 때, 그들의 찬양은 감옥의 터를 뒤흔들어놓았고 옥문을 열었으며 모든 사람의 차꼬를 풀어주는 적절한 위로와 기적을 체험하는 동인이 되었다.

많은 사람이 자신의 삶에는 왜 하나님께서 주시는 위로와 기적이 없느냐고 질문한다. 그러나 삶에서 하나님의 살아 계심과 진정한 위로를 체험하기를 원한다면 찬양의 삶은 필수적으로 요청된다. 하나님은 홀로 높으시며 모든 만물의 영광을 받기에 가장 합당하신 분이시다. 그러므로 찬양은 그의 피조물로서 우리가 마땅히 행해야 할 의무다. 하나님께서 우리에게 생명의 호흡을 허락해주신 목적은 그의 아름다운 덕을 선전하게 하려는 데 있다. 그러므로 입으로만이 아니라 전 삶을 통해 하나님께 영광 돌리는 삶을 살고 있는지 점검해보자.

46 기도골방이 있는가

하나님의 사람인 크리스천에게는 한 가닥 생명선이 있다. 그것은 다름 아닌 기도다. 기도가 생명선이라는 측면에서는 언제든지 어디서나 기도해야 하지만 바쁜 일상사 가운데, 특히 집이라도 넓다면 좋으련만 그렇지 못한 물리적 상황에서 자신만의 기도실을 만든다는 것은 언감생심인 경우가 많다.

그리스도인은 본질상 그리스도와 불가분리의 관계를 맺고 있는 존재다. 젖먹이 어린아이가 어머니와 끊임없이 신체와 정신의 전인적(全人的) 접촉을 하면서 성장하듯이, 그리스도의 장성한 분량까지 자라가야 할 크리스천은 예수 그리스도와 항상 교제(기도)해야 한다. 그래서 사도 바울은 데살로니가전서 5장 17절의 "쉬지 말고 기도하라"는 말씀으로 우리에게 권면한다.

"기도는 영혼의 호흡이다."라는 익숙한 정의는 기도에 관해 무엇보다 잘 규명한다. 그리스도인이 이것을 인지하고 있다면 기도시간을 따로 정해놓고 기도해야 한다. 이렇게 할 때 힘이 펄펄 나는 소년이라도 피곤하고 곤비하며 장정들도 넘어지고 자빠지는 상황에 놓여 있을 지라도 "오직 여호와를 앙망하는 자는 새 힘을 얻으리니 독수리의 날개치며 올라감 같을 것이요 달음박질하여도 곤비치 아니하겠고 걸어가도 피곤치 아니하리로다"(이사야 40:30~31)라는 하나님의 말씀이 삶에 현실적으로 나타날 수 있고 더욱 깊은 차원의 기도를 하나님께 드릴 수 있을 것이다.

항상 기도해야 한다는 것이 말이야 맞는 말이지만, 우리가 살아가는 공간이 더욱 좁아지고 시간을 따로 정해놓기가 점점 어려워지는 상황에서 기도하기 위한 물리적 공간인 골방과 기도시간을 따로 마련한다는 것은 엄두도 내지 못하는 일일 수도 있다. 그러나 방법이 전혀 없는 것은 아니다.

화장실을 한 번 생각해보자. 볼일을 보는 공간에서 무슨 기도냐고 할 수도 있지만, 성경에서 "쉬지말고 기도하라"고 요청했으므로 화장실에서 드린 기도라고 해서 하나님께서 결코 듣지 않으실 리는 없을 것이다. 물론 쪼그려 앉아 볼일을 보아야 하는 화장실이라면 좀 어렵겠지만 그렇지 않은 구조라면 크게 어렵지 않을 것이다. 신문이나 잡지를 보면서 교양이나 시사적인 지식을 쌓는 것도 좋지만 말씀을 묵상하면서 하나님께 기도하는 시간을 갖는다면 아무리 바쁘다고 외치는 사람이라 해도 영적인 호흡을 놓치지 않을 것이다.

또한 자가용으로 출퇴근하는 나홀로족들에게는 차안이 좋은 기도골방이 될 수 있다. 평소 자신이 즐겨부르던 찬양을 틀어놓고 그것을 함께 따라 부르면서 곡조 있는 기도를 드린다든지, 아니면 눈은 뜨고 있지만 하나님께 간구하는 시간으로 그 시간을 효율적으로 활용할 수 있다.

사실 기도하는 시간이나 공간은 당면한 상황에 따라 천차만별일 수 있다. 중요한 것은 '날마다 일정한' 시간을 정해놓고 기도함으로써 하나님과 영적인 관계를 끊지 않아야 한다는 사실이다. 그래서 사무엘은 이스라엘 백성을 향해서 "나는 너희를 위하여 기도하기를 쉬는 죄를 여호와 앞에 결단코 범치 아니하고"(사무엘상 12:23)라고 말했다.

크리스천으로서 하나님과 교제하는 시간인 기도를 게을리하지 말아야 한다는 것은 당연한 점검사항이다. 만약 주변 사람들에게 정말 좋은 영향력을 끼치기를 원한다면 사람들을 위해서 먼저 기도해야 하는 것이 필수적인 선결과제다. 또한 자신이 하는 일을 통해 하나님나라가 넓혀지기를 원하고 하나님의 이름이 높임을 받기를 원한다면 먼저 기도해야 한다.

아침에 깨어 일어날 때부터 잠자리에 들 때까지 모든 일상이 기도에 근거한 시간으로 이어지기를 소원하고, 무슨 일을 만나든지 하나님께서 우리의 기도를 듣기를 원하신다는 점을 인식하면서 살아가는 자세가 크리스천에게는 더없이 필요한 요소다.

그러므로 어떤 일을 할 때 '어디서 이 일을 하면 능률이 오를까?' 하는 생각을 자연스럽게 하는 것처럼 하나님과 개인적으로 만나 하나님의 음성을 잘 들을 수 있고, 자신의 이야기를 효과적으로 전달할 수 있는 기도골방을 갖기 위해 노력해야 한다. "너 예수께 조용히 나가"라는 찬송가사는 이런 점에서 늘 부를 때마다 은혜가 된다. 특별히 후렴가사는 더없이 좋다.

너 예수께 조용히 나가
네 모든 짐 내려놓고
주 십자가 사랑을 믿어
죄사함을 너 받으라

(후렴)
주 예수께 조용히 나가
네 마음을 쏟아노라
늘 은밀히 보시는 주님
큰 은혜를 베푸시리

47 무엇을 위해 기도하는가

　교회에서 공식적인 소그룹 모임을 할 때 마지막 시간은 주로 서로 기도제목을 나누는 것으로 마친다. 그런데 기도제목을 나눌 때마다 느끼는 아쉬움은 거의 대부분의 사람이 자신의 내면을 드러내는 깊은 기도제목보다는 피상적인 기도제목을 나눈다는 것이다. 하지만 이런 사람들을 한 사람씩 만나서 대화를 나눠보면 이런저런 염려와 걱정거리에 사로잡혀 있는 것을 금방 확인할 수 있다. 그때마다 "지금 당신이 말하고 있는 것이 바로 기도제목입니다."라고 말하면 대부분의 사람들은 "이런 것이 무슨 기도제목이 됩니까?"라고 말한다. 이는 기도를 너무나 종교적인 형식으로 이해하고 있는 결과다.
　이런 사람들도 있는가 하면 반면에 기도를 너무 쉽게 생각하는 이들도 있다. 신앙생활을 조금 했기 때문에 기도에 대해서만은 어느 정도 자신 있다고 생각하는 사람들이다. 이들은 기도에 대해서 너무 자신만만하게 생각하고, 무엇이든지 기도한 대로 다 이루어진다고 믿고 말하는 것이다. 한 마디로 아라비안나이트에 나오는 알라딘의 요술램프처럼 우리가 필요해서 하나님을 부르기만 하면 하나님은 언제든지 달려나와서 우리의 기도를 들어주실 거라고 오해하는 태도다.

물론 성경은 "아무 것도 염려하지 말고 오직 모든 일에 기도와 간구로 너희 구할 것을 감사함으로 하나님께 아뢰라"(빌립보서 4:6)고 말씀한다. 우리가 염려하며 고민하는 모든 것이 기도의 제목이 되고 내용이 될 수 있다. 그러나 한편으로 우리의 모든 자존심을 꺾고 절대적으로 하나님만을 신뢰해야 한다는 성경의 요구는 기도의 전혀 다른 면을 강조하고 있다. 곧 "내가 내 마음에 죄악을 품으면 주께서 듣지 아니하시리라"(시편 66:18)는 다윗의 고백을 볼 때, 우리 자신이 하나님 앞에서 얼마나 죄인인가를 스스로 인정하는 자기고백 없이 단순히 자신의 이기적 욕망을 채우기 위해 기도한다면 전혀 용납되지 않는다는 것을 기억해야 한다.

결국 기도는 자녀에게 모든 것을 주고 싶어하시는 하나님 앞에 자신의 깊은 내면까지도 드러내는 것이되, 자신의 신앙이 좋다는 의미로 하나님 앞에 나가는 것이 아니라, "하나님! 도와주십시오. 하나님 외에는 저의 이런 상황을 해결할 분이 없습니다."라는 말 외에는 아무 말도 할 수 없는 상황에서의 간구라고 할 수 있다.

그러나 신앙생활을 하다보면 기도를 통해 자신의 이기심을 채우고 자존심을 세우기 위한 방식으로 기도를 활용하는 어리석음을 종종 발견하게 된다. 산기도를 많이 하시는 분에게 아주 오래 전에 들은 이야기다. 어느 날 산에서 기도하는데 옆에서 어떤 분이 "하나님, 우리 아들이 군대가지 않고 계속 공부할 수 있도록 길을 열어주십시오."라고 계속 기도하는 소리를 듣고는 그날 더 이상 기도하지 못하고 그냥 산을 내려왔다고 한다. 옆에서 기도하는 사람이 자기 아들은 군대 안 가도 되고 다른 집 자식들은 전방에 가서 고생해도 상관없다는 식으로 기도를 이기적으로 활용하는 것 같아서 한 마디 해줘야겠다는 생각만 머릿속에 맴돌아서 도저히 기도할 수가 없었다고 한다. 기도하는 분에게 더욱 속 깊은 사정이 있었는지는 모르지만 그 기도를 옆에서 듣고 그냥 산을 내려온 분의 말대로라면 이기적이어도 너무나 이기적인 기도라고 여겨진다.

하나님나라의 전체성을 바라보지 못하면 기도의 내용이 이기적으로 귀결될 수밖에 없다. 한편 "내가 기도했더니 일이 해결되었다. 당신은 왜 기도를 안 하는가?"라고 말하는 사람도 있다. 이처럼 하나님께로부터 은혜로 얻은 것을 뻔뻔스럽게도 자신의 능력으로 얻은 전리품인 양 다른 사람에게 자랑하는 경우도 있다.

기도란 모름지기 다른 사람에게 자랑거리가 되어서는 안 된다. 응답은 기도하는 사람이 생색을 낼 수 있도록 하나님께서 주신 표가 아니다. "이것은 내 힘으로 할 수 있는 것이 아닙니다."라는 고백이 바로 기도이고, 또 그렇게 해서 주어지는 것이 하나님의 응답이다. 곧 세상의 힘으로 사는 존재가 크리스천들이 아닌 것을 알리고, 하나님이 이 세상을 쥐고 계시는 주권자이심을 확실히 알리는 하나님의 표현이 기도의 응답인 것이다. 그러므로 기도가 응답을 받았다고 해서 다른 사람의 기를 죽이는 일을 해서는 절대 안 된다.

이런 점에서 하나님께 드리는 기도에서 나의 이기심과 욕심을 어떻게 제거하며, 자신이 크리스천으로서 기도시간마다 얼마나 하나님을 전적으로 신뢰하고 인간의 능력을 벗어나 하나님만이 하실 수 있는 간섭의 역사를 기대하는지 항상 점검해야 한다. 예수님께서 "너희가 내 안에 거하고 내 말이 너희 안에 거하면 무엇이든지 원하는 대로 구하라 그리하면 이루리라"(요한복음 15:7)고 말씀하시면서 구(기도)하기 전에 왜 우리가 먼저 주님 안에 거하고 주님의 말씀이 우리 안에 거해야 한다고 조건부로 세우셨는지 그 의도를 분명하게 이해해야 한다.

48. 성경말씀을 삶에 적용하고 있는가

    전 인구의 25퍼센트가 기독교인인 우리나라에서 안타깝게도 한국 교회와 기독교인에 대한 신뢰도는 그리 높지 않다. 아마도 이런 결과를 빚은 것은 '짜지 않은 소금, 밝히지 못하는 빛'으로, 이른바 경건의 모양은 있으나 경건의 능력을 잃어버린 크리스천이 많기 때문일 것이다.

    실제로 외국 사람들이 우리나라에 와서 한국 교회를 보면 두 번 놀란다고 한다. 먼저 서울의 밤하늘에 수없이 많은 붉은 십자가 네온등과 우리나라 기독교인들이 너무나 열정적으로 울고 소리지르면서 기도하는 모습을 보고 놀란다고 한다. 그리고 열심히 기도하는 만큼 생활에서 실천하지 않기 때문에 또 한 번 놀란다고 한다.

    한 마디로 '교회 다니는 사람이 어떻게 저럴 수가 있지?'라는 말을 들을 수밖에 없을 정도로 교회 안에서의 행동과 교회 바깥에서의 행동이 다른 크리스천들을 바라보면서 성경말씀을 믿는다고 하는 교인들이 말만 번지르르하고 행함이 없는 것에 대해 질타하는 말이다. 이런 말들에 대해 지나치게 과장된 것이라고 할지 모르지만, 이것이 제3의 눈으로 바라보는 교회와 기독교를 향한 시각이라면 여기에는 일부 나의 책임도 있음을 부인할 수 없다.

개인적으로는 '교회 다니면 누구나 무조건 선해져야 한다는 생각은 잘못된 것'이라고 하면서 간단히 제쳐놓으면 이 문제는 쉽게 끝날 수도 있다. 또 교회란 하나님나라를 향한 훈련장이지 거룩함이 완성된 사람들이 모인 곳은 아니라서 으레 불완전한 사람이 끼어 있게 마련이니 비기독교인들에게 이해해달라고 말할 수도 있다. 그러나 교회가 구별된 곳이고, 그곳에 모이는 사람들도 거룩하리라는 일방적인 전제를 가진 비기독교인들의 입장에서는 쉽게 납득하지 못하는 것이 당연한 일이다.

언젠가 어느 기독교잡지에서 비기독교 대학생들에게 기독교인들에 대한 생각을 설문조사했는데, 기독교인들이 비기독교인들보다 정의감이나 양심, 책임감, 성실성 등 주요하게 갖추어야 할 덕목 면에서 나은 면이 별로 없다는 결과가 나왔다. 비기독교 대학생들에게 "비기독교인들과 비교할 때 정의감에 대한 기독교인의 자질은 어떠한가?"라고 질문한 결과 '월등히 낫다'는 4.65퍼센트, '조금 낫다'는 31.56퍼센트, '마찬가지다'는 46.84퍼센트, '조금 못하다'는 4.32퍼센트, '아주 못하다'는 1.00퍼센트, '모르겠다'와 '무응답'이 각각 5.65퍼센트와 5.98퍼센트로 나타났다. 곧 기독교인들이 비기독교인들보다 정의감이 높다는 평가는 36.21퍼센트이고, 비슷하거나 오히려 못하다는 평가는 과반수가 넘는 52.16퍼센트나 된다.

정의감에서뿐만 아니라 양심적인 것에 대한 평가에서도 별로 좋은 결과는 나오지 않았다. 기독교인이 비기독교인에 비해 양심적인 부분에서

'월등히 낫다'거나 '조금 낫다'는 긍정적인 평가는 37.98퍼센트였고, 비슷하거나 못하다는 평가는 오히려 그보다 높은 48.2퍼센트나 되었다.(목회와신학 1992년 6월호)

가슴 아프게도 비기독교인들에게 기독교인은 '말쟁이'나 '거짓말쟁이'와 다르지 않다는 말이다. 너무나 원론적인 이야기일지 모르지만 그리스도인으로서 우리는 '행하는 자'라야 한다는 사실을 다시 한 번 깊이 새겨야 한다. 교회마다 성경공부가 넘쳐나고 설교말씀이 홍수를 이루지만 행하는 자가 없으면 앞으로도 "예수는 좋은데 예수쟁이는 싫다."라는 이야기는 결코 사라지지 않을 것이다.

누구의 잘못이라고 할 것도 없이 나 자신이 크리스천임을 인정한다면 비록 현실적으로 손익계산을 했을 때 유익이 없고 다른 사람들이 '별종'이라고 하더라도, 자신의 삶이 읽고 듣는 하나님의 말씀을 제대로 적용하는 삶인지 항상 돌아보아야 한다. 여기서 사도 바울의 가르침을 다시 한 번 기억하자.

"너희는 내게 배우고 받고 듣고 본 바를 행하라 그리하면 평강의 하나님이 너희와 함께 계시리라"(빌립보서 4:9).

왕 같은 제사장의식으로 살아가는가 ㊾

　사람이 일생을 살아가는 동안에 어이없이 소비하는 시간을 계산한 자료가 있다. 거기에 따르면 한 사람이 삶을 마칠 때까지 신호등 앞에서 기다리는 데 6개월, 광고 우편물을 열어보는 데 8개월, 잃어버린 물건을 찾느라 이곳저곳을 뒤적이는 데 1년 반, 그리고 갖가지 이유로 줄을 서서 기다리는 데 5년을 허비한다고 한다. 아마도 더 세밀하게 분석한다면 더 많은 시간이 엉뚱한 곳에 소비되는 것을 확인할 수 있을 것이다.
　대부분의 사람이 시간을 질적으로 사용하고 보람 있게 보내는 것에 대해서 관심은 있지만 막상 그렇게 살아가는 것에 대해서는 피곤하게 생각하고 있다. 사실상 크리스천으로서 언제나 어느 곳에 있든지 '하나님의 눈앞에 내가 있다.'는 소위 '왕 같은 제사장 의식'이나 '하나님 면전(面前)의식'을 가지고 살아간다는 것은 피곤한 일일 수도 있다. 그러나 우리가 크리스천으로서 일단 그런 의식을 포기하고 살 때 당장은 눈앞에 별다른 파급효과가 없을지 모르지만, 이후에 빚어지는 파급력을 면밀하게 살펴보면 그 결과는 상상 밖으로 크다는 것을 확인할 수 있다.

일례로 한 공동체가 쇠퇴해가는 모습을 보면 하나님의 사람들이 그 공동체가 추구하는 방향의 최일선에서 후퇴하고 일단의 불의한 사람들에게 최전선이 말없이 넘어가고 있을 때임을 쉽게 확인할 수 있다. 크리스천들이 직장공동체에서 도덕적 영향력을 제대로 끼치지 못할 때, 크리스천들이 대중매체에 더 이상 참여하지 않을 때, 크리스천들이 정치를 외면하기로 결정하고 직접투표에 참여하지 않을 때 당장은 표시가 나지 않을 것이다. 그러나 그렇게 외면하고 불참하는 순간부터 정의와 거룩성은 점점 소멸되기 시작하고 하나님이 기뻐하시는 것과는 전혀 다른 방향으로 흘러가게 되는 것이다.

교회 안에는 수많은 목회자들과 직분자, 그리고 성도들이 있지만 우리가 엿새 동안 살아야 하는 사회에서는 거룩한 하나님의 백성을 찾아보기 힘들다. 그러다보니 우리가 속한 공동체의 혼란스러움은 더욱 극에 달하고 있다는 느낌을 지울 수 없다. 결국 우리가 왕 같은 제사장으로서의 정체성을 잃어버리고 있을 때 나타날 수밖에 없는 상황을 예측한다면 대답은 간단해진다. 그러므로 엉뚱한 것에 시간을 소비하거나 넋을 놓지 말고, 우리가 서 있는 곳이 어떤 곳이며 어떤 시간이든지 왕 같은 제사장이며 거룩한 하나님의 자녀인 것을 표현하며 살아가야 한다.

한 마디로 교인은 많지만 거룩한 하나님의 자녀는 없는 시대에 크리스천이라면 자신이 서 있는 곳을 거룩하게 가꾸기 위해 분투의 눈물을 얼마나 흘리고 있는지 점검해야 한다. 물론 이렇게 시간을 꾸려나가는 것이 힘들고 어려울 수도 있다. 그러나 힘들다고 포기해서는 안 된다는 사실을 우리는 너무나 잘 알고 있다.

실제로 우리 시대의 가장 큰 문제는 여러 가지 복합적으로 일어나는 사회문제 때문에 일을 잘 할 수 없는 것도 아니고, 우리를 인도하는 리더가 부족한 존재이기 때문에 여러 가지 문제가 심화하는 것도 아니다. 진정한 문제는 정작 나 자신이 거룩한 하나님의 백성, 왕 같은 제사장으로 부름을 받았지만 거기에 대한 정체성을 확보하지 못하고 적합한 수준의 영성을 가진 거룩한 삶을 살지 못하는 데 있다고 해도 과언이 아니다. 곧 실제적인 삶과 기독교적인 관념을 분리하는 이원론적인 세계관에 사로잡혀 있는 이상 왕 같은 제사장으로서 살아가는 것은 불가능해지고, 그 결과는 참담해질 수밖에 없는 것이다.

그러므로 우리를 향해 베드로 사도가 "오직 너희는 택하신 족속이요 왕 같은 제사장들이요 거룩한 나라요 그의 소유된 백성이니 이는 너희를 어두운 데서 불러내어 그의 기이한 빛에 들어가게 하신 자의 아름다운 덕을 선전하게 하려 하심이라"(베드로전서 2:9)고 증언하는 것을 기억할 때 다음과 같은 사항을 늘 점검해야 한다.

나는 지금 나의 되어가는 모습에 만족하며 내 주변을 거룩한 곳으로 만드는 일에 분투하고 있는가?

만약 분투해야 할 과제가 전혀 없다면 지금 문제가 있다고 보아도 좋다.

나는 지금 내가 서 있는 곳에서 거룩한 존재로 인정받으며 주변인들에게 나의 영성의 진실함을 인정받고 있는가?

그렇지 않다면 지금 다시 한 번 자신을 추슬러야 한다.

50 진정한 헌신자인가

　어느 모임에서 처음 만난 목사님과 대화하다가 "언제부터 신앙생활을 하셨습니까?"라는 물음에 별다른 생각 없이 "모태신앙입니다."라고 대답했다. 그랬더니 목사님이 "모태신앙이라……. 모태신앙은 아무것도 '못해 신앙'인데."라고 말씀하셨다. 그 말을 들으면서 얼마나 낯이 뜨거웠는지 모른다. 어떤 깊은 연유에서 하시는 말씀인지 모르지만 속으로 대략 짐작은 갔다. 머리는 큰데 가슴이 없는 사람, 지식은 많은데 행함이 없는 교인, 신앙이력은 긴데 헌신이 없는 신앙인을 빗대어 한 이야기로 해석할 수밖에 없었다.

　실제로 교회를 3~4년 다닌 사람들을 보면 서당개 3년이면 풍월을 읊듯 성경에 대한 지식이 풍부하다. 설교자가 조금이라도 초보적인 말씀을 하려고 하면 이미 다 안다는 표정으로 앉아 있는 이들을 자주 보게 된다. 교회 안을 들여다보면 헌신의 단계에 따라 교인을 크게 세 가지로 구분할 수 있다. 전체 교인을 100퍼센트로 잡았을 때 이 중에서 신앙심이 깊은 이들은 평균적으로 10퍼센트 정도밖에 되지 않는다. 그리고 교인들 가운데 약 30퍼센트가 교회프로그램에 어느 정도 적극적으로 참여하고 교회를 위해 헌신하는 사람이고, 나머지 60퍼센트 정도는 주일에만 예배드리면 된다는 인식을 갖고 있는 구경꾼 혹은 교회 내의 군중으로 남아 있다.

말이야 바른 말이지만 1주일 내내 직장에서 시달리고 주일까지 교회에 나가서 헌신하고 봉사해야 한다는 것은 그리 탐탁지 않은 일임에 틀림없다. 그래서 '헌신'이란 단어만 나와도 온몸에 무엇인가 도는 것 같다고 말하는 이들도 종종 본다. 그러나 이런 사람들일수록 다시 한 번 '헌신'에 대한 의미를 제대로 정리해야 한다. 크리스천이라면 '헌신'의 바른 의미를 이해해야 하기 때문이다.

일반적으로 헌신이라고 하면 주로 예배에 잘 참석하고 교회의 교육기관이나 부서에 소속되어 잘 섬기는 것으로 이해한다. 물론 헌신에 대한 이런 이해가 반드시 잘못되었다고 말할 수는 없지만 만약 이런 식으로 헌신의 방향을 잡고 있다면 그것은 부분적으로만 헌신의 의미를 알고 있는 것이다. 하나님께서 복음을 통해 우리를 그의 자녀로 부르신 이유는 궁극적으로 예수 그리스도께서 영광을 얻게 하시기 위함이라고 사도 바울은 언급한다.

"이를 위하여 우리 복음으로 너희를 부르사 우리 주 예수 그리스도의 영광을 얻게 하려 하심이니라"(데살로니가후서 2:14).

만약 온 세상의 주권자인 예수 그리스도께서 우리를 통해 영광받기를 원하신다면 '헌신'의 영역이 단순히 주일이나 교회활동의 영역에만 제한된 것이 아님을 여기서 확인할 수 있다. 진정한 의미에서의 헌신은 예배와 교회봉사의 차원을 넘어서서 온 세상의 영역으로 확대된 것이어야 한다는 말이다.

이런 의미에서 우리가 전문적으로 교회 사역을 하는 목회자가 아니라면 바로 나 자신이 세상에서 하고 있는 일이 주님께 영광을 돌릴 수 있는 헌신의 영역이 되도록 해야 한다. 따라서 하나님이 요청하시는 형태의 헌신자가 되기 위해서는 먼저 하나님나라의 폭넓은 개념을 이해하고, 믿음을 가진 직업인으로서 세상에서 갖고 있는 직업을 통해 세상을 압도해나가기 위해 헌신해야 한다.

이런 헌신의 삶을 내가 서 있는 삶의 현장에서 적극적으로 표현한다는 것은 결코 녹록한 일이 아니다. 그래서 도망가고 싶기도 하고 때로는 "하나님, 잠깐만 눈 좀 감아주십시오."라고 타협하고 싶은 충동도 생길 수 있다. 그러나 나 자신이 크리스천의 정체성을 포기할 수 없고 또 포기해서도 안 된다는 의식을 갖고 있다면, 비록 힘들고 어렵지만 때로는 헌신자로 서 있기 위해 가장 아끼는 것도 희생할 줄 아는 적극적인 자세가 필요하다. 그렇지 않을 경우 한두 번 타협하다가 돌아올 수 없는 다리를 건너는 경우도 많이 생기기 때문이다.

사실 점점 죄악의 속도가 가속력을 붙여가고 있는 세상에서 나 홀로 헌신자가 된다는 것은 두렵기도 하고 하기 싫은 일일 수도 있다. 다른 사람들은 크리스천이라고 티내지 않으면서도 잘 사는데 나만 도드라지게 티를 내며 산다는 것이 내키지 않을 수도 있다. 그러나 분명한 것은 오늘도 나를 당신의 자녀로 부르시고, 하나님나라와 영광에 이르게 하시는 하나님께는 헌신자로 합당히 행하는 것 외에는 다른 방도가 없다는 것이다. 아무리 내가 맡고 있는 세상에서의 역할과 직임 속에서 그리스도의 향기를 드러내는 것이 어렵다 하더라도 그 자리에서 진실하게 헌신하고자 한다면 하나님은 크게 영광받으신다고 성경은 말씀하고 있다.

"이는 너희를 부르사 자기 나라와 영광에 이르게 하시는 하나님께 합당히 행하게 하려 함이니라"(데살로니가전서 2:12).

이런 점에서 허드슨 테일러 같은 위대한 선교사는 다음과 같이 말했는지도 모른다.

"작은 일은 작은 일이다. 그러나 작은 일에 신실한 것은 큰 일이다."

51. 잃어버린 영혼을 구하는 삶인가

크리스천을 다른 말로 '하나님과 같은 시각을 갖기 위해 애쓰는 사람'이라고 해도 과히 틀린 말은 아니다. 이런 점에서 하나님이 기뻐하시는 것에 대해 기뻐하고, 하나님이 안타까워하시는 것에 대해 안타까워하는 사람이 되려고 애쓰는 과정을 신앙생활이라고 해도 좋을 것이다. 그렇다면 하나님이 가장 기뻐하시고 또 안타까워하시는 것은 무엇일까? 성경에서 그 내용을 아주 드라마틱하게 보여주는 장면 가운데 하나는 예수님께서 누가복음 15장에서 말씀하신 잃은 양 한 마리에 대한 비유다. 예수님의 말씀을 그대로 한 번 인용해보자.

"너희 중에 어느 사람이 양 일백 마리가 있는데 그 중에 하나를 잃으면 아흔 아홉 마리를 들에 두고 그 잃은 것을 찾도록 찾아다니지 아니하느냐 또 찾은즉 즐거워 어깨에 메고 집에 와서 그 벗과 이웃을 불러 모으고 말하되 나와 함께 즐기자 나의 잃은 양을 찾았노라 하리라 내가 너희에게 이르노니 이와 같이 죄인 하나가 회개하면 하늘에서는 회개할 것 없는 의인 아흔 아홉을 인하여 기뻐하는 것보다 더하리라"(누가복음 15:4~7).

결국 이 말씀대로라면 하나님의 안목에서 볼 때 가장 관심 있고 가장 기뻐할 수 있는 것은 잃어버린 양으로 비유되는, 아직 하나님의 품으로 돌아오지 않은 영혼임을 확인할 수 있다. 그렇다면 우리가 삶의 현장과 현실 속에서 주님을 기쁘시게 한다고 했을 때 우리 역시 관심을 갖고 해야 할 일은 분명해진다. 잃어버린 영혼에 대한 관심, 간단하게 교회에서 자주 듣는 한 단어로 표현하면 '전도'다.

그런데 아무리 한꺼번에 수십만 혹은 수백만 명을 회심시킬 수 있는 은사를 받은 세계적으로 위대한 설교자라 해도 그 설교자의 말씀을 들을 수 있는 자리까지 인도하는 무명의 전도자가 존재하지 않는 한 회심이나 결신을 가능케 할 수 없다. 달리 말하면 아무리 위대하고 능력 있는 목회자라 해도 내가 지금 일하고 있는 그 자리에 와서 효과적으로 복음을 전하기는 어렵다는 것이다. 그러므로 내가 일하는 현장에 있는 잃어버린 영혼들을 향한 전도의 사명은 다른 이들이 아니라 바로 나에게 주어진 것이다.

그렇다면 바로 내 주위에 있는 잃어버린 영혼들에 대해서 어떤 자세를 가져야 하는지가 관건이 된다. 일례로 "교회 다니는 사람들이 더 지독해."라는 말을 듣는 이상 다른 사람들에게 예수님을 소개한다는 것은 거의 불가능하다. 자기 것 챙기는 데는 탁월하고 자기희생에 대해서는 인색한 사람이 예수님의 십자가 희생을 말한다는 것은 전혀 앞뒤가 맞지 않는 일이기 때문이다. 그러므로 전도를 멀고 어렵게 생각할 것이 아니라 하나님이 그렇게 기뻐하시고 또한 그렇게 안타까워하시는 잃어버린 영혼들을 위해 내가 서 있는 곳에서 아직까지 하나님의 품으로 돌아오지 않은 이들의 '좋은 이웃'이 되어야 한다.

내가 지금 좋은 이웃인지 아닌지 쉽게 판별할 수 있는 기준이 있다. 나와 같은 공간에서 일하는 직장동료에게 만약 위급한 일이 생겼다고 가정해보자. 그때 동료가 나에게 그 일에 대해 이야기할 수 있다면 적어도 좋은 이웃의 역할을 지금까지 해왔다고 볼 수 있다. 그러나 저 사람에게는 이야기해봐야 별 소용이 없는 존재라고 간주된다면 문제가 있다고 보아야 한다. 그래도 크리스천이기 때문에 전도해야 된다는 인식을 갖고 있다면 일단 주위 사람들로부터 좋은 이웃으로 자리매김해야 한다.

신약성경 사도행전에는 교회가 설립된 초대교회 당시에 날마다 믿는 자들이 더해갔다고 기록되어 있다. 이것은 먼저 믿는 사람들이 다른 사람들 앞에서 소망에 가득 찬 삶을 살아서 그들로 하여금 그 소망에 대한 이유를 묻도록 자극했기 때문이다. 그래서 사도 바울은 스스로 "모든 사람에게 종이 된 것은 더 많은 사람들을 얻고자 함이라"(고린도전서 9:19)고 선언하기까지 한다.

예수님께서 그 어떤 기쁨보다 더한 기쁨이라고 강조한 잃어버린 영혼들을 향한 전도는 목회자나 특수한 은사를 받은 사람에게만 국한되는 일이 아니다. 그러므로 크리스천으로서 지금 내가 서 있는 곳에서 나의 이웃에게 사랑을 나타내어 이를 통해 하나님과 교회에 대해서 관심을 불러일으켜야 한다. 곧 나의 삶의 메시지를 통해 이웃의 마음에 호소하는 전도자로 서 있는 것이 중요하다.

선교에 대한 사명이 있는가

짐 콜린스와 제리 포라스 두 사람이 성공하는 기업들의 특징을 분석한 《성공하는 기업들의 8가지 습관》에서 성공한 기업들의 몇 가지 특징을 언급한 것 가운데 눈에 띄는 항목으로 "핵심을 보존하고 발전을 자극하라."는 내용이 있다. 말 그대로 핵심가치에 집중해서 핵심역량을 발휘할 때 비로소 성공하는 기업이 된다는 말이다.

사실 크리스천으로서 성경말씀을 보면서 하나님의 자기계시인 성경구절 중에 중요하지 않은 말씀이 없지만, 그 방대한 분량과 깊이 때문에 가장 압축적이고 핵심적인 말씀이 무엇인가를 늘 고민하게 된다. 그런데 핵심가치로 여기고 붙잡을 만한 말씀으로 "오직 성령이 너희에게 임하시면 너희가 권능을 받고 예루살렘과 온 유대와 사마리아와 땅 끝까지 이르러 내 증인이 되리라"는 사도행전 1장 8절 말씀을 꼽지 않을 수 없다. 왜냐하면 이 말씀은 예수 그리스도의 마지막 유언이기 때문이다.

유언은 마지막 말이다. 이런 점에서 긴 시간 동안 제자들과 함께하셨던 주님이 떠나시기 전에 자신의 가르침 중에서 가장 중요한 것을 요약해서 제자들에게 마지막으로 이 말씀을 주신 것으로 이해한다면 이는 기독교의 핵심가치라고 해도 틀린 말이 아니다. 그러므로 성령이 임하고 능력을 받은 이 땅의 그리스도인들이 집중해야 할 핵심사명은 바로 '땅 끝까지 이르러 복음의 증인이 되어야 한다.'는 것이다.

이런 점에서 보면 한국 교회는 적어도 예수님이 말씀하신 핵심사명에 대해서는 정확하게 인식하고 있다. 실제로 우리나라의 해외선교사 파송 현황은 가히 세계적이다. 현재 세계선교사 총수는 41만 6,043명이다. 국내의 어느 선교 연구기관의 보고에 의하면 2000년 말 현재 해외로 파송된 한국의 선교사들은 모두 8,103명(개교회 파송 선교사와 해외 국적 취득으로 인한 한국 국적 포기 선교사를 제외한 숫자)으로 136개 선교회를 통해서 162개국에 나가서 사역하고 있다. 특별히 단일기관으로 선교사를 가장 많이 파송하고 있는 기관은 대한예수교장로회 합동교단의 총회세계선교회(GMS)로 모두 1,021명을 파송했다. 해외선교사 숫자가 이 정도라면 세계 어느 나라와 비교해도 양적인 측면에서는 결코 뒤지지 않는다. 그러나 무조건 수와 양의 논리로 그리스도의 지상명령을 온전히 성취하고 있다고 단정할 수는 없다.

선교사 준비자가 모두 그렇지는 않겠지만 언젠가 동구권 선교를 준비하고 있는 한 형제를 만났을 때는 가슴 답답함을 느끼지 않을 수 없었다. 직장 다니는 것이 피곤하겠지만 선교사로 나가기 위해 무엇을 준비하느냐고 묻기도 했고, 지금 영혼들을 접촉하기 위해 예수님을 믿지 않는 사람들과 얼마나 접촉하며 영혼구원을 위한 실질적인 준비를 하고 있느냐고 물었다. 그런데 거의 모든 대답은 '비전을 키워가고 있다.'는 아주 상식적이고 거의 뜬구름 잡는 식의 내용이 전부였다. 교회마다 그리스도의 지상명령으로 선교사명을 강조하면서 '가든지 보내든지'라는 구호를 외치며 파송받는 선교사가 되든지 아니면 파송된 선교사를 후원하는 선교사가 되라고 이야기하지만, 선교라는 것이 굉장히 낭만적인 범주에 머물러 있는 경향을 보이고 있다는 인상을 지울 수 없다. 모름지기 증인이란 자신이 직접 보고 듣고 경험한 사실을 말하는 사람을 의미한다. 책이나 다른 사람의 이야기를 옮기는 간접경험에 의존하는 것이 아니라 목격자로서 확신을 갖고 말하는 사람이 바로 증인이다. 이런 의미에서 땅 끝을 향해 나가야 하는 핵심사명을 받은 크리스천은 결코 감상에 머물러서는 안 되고, 주님이 다시 오심을 분명히 확신하고 증거하기 위해 더욱 구체적으로 준비해야 한다.

그런데 여기서 한 가지 더 생각해야 할 것이 있는데 바로 땅 끝에 대한 재해석이다. 크리스천들에게 땅 끝은 어디인가? 정보화 사회에서 단순하게 지리적 의미의 땅 끝을 의미하는 것은 분명 아니다. 이미 광통신망을 통해서 지구 반대편에 있는 곳에서 일어나는 일도 금방 알 수 있다. 전 세계가 다 한마을이 되었다. 현장 중심의 선교에서 가상 선교라는 새로운 선교의 장이 우리 앞에 펼쳐지고 있다고 해도 과언이 아니다. 가히 세계는 대변혁의 시기를 맞고 있는 것이다. 이런 상황을 꿰뚫어보는 통찰력을 갖고 있으면 바로 내가 서 있는 곳이 땅 끝임을 쉽게 이해할 수 있다. 그러므로 자크 엘룰의 지적처럼 세계적으로 생각하고 지역적으로 행동하는 이 시대의 크리스천이 되어야 한다.

삶을 가꾸는 30대 크리스천을 위한 52가지

1판 1쇄 인쇄일 | 2003년 12월 10일
1판 1쇄 발행일 | 2003년 12월 15일

지은이 | 이상화
펴낸이 | 김명숙
펴낸곳 | 엔크리스토

주소 | 서울시 마포구 서교동 452-10호
전화 | 322-4584 팩스 | 322-4597
전자우편 | enchristo20@hanmail.net
출판등록 | 2000년 11월 3일 (제10-1852호)

ISBN 89-89437-77-6 04230
      89-89437-74-1 (전3권)

값 8,500원

잘못된 책은 바꾸어 드립니다.
기독교서점 공급처는 〈비전북〉입니다. 전화 | 031-907-3927